Les Coulisses
MONTE-CARLO

Hector Henriot

LES

COULISSES DE MONTE-CARLO

LES COULISSES

DE

MONTE-CARLO

Par Hector HENRIETT

ANCIEN CROUPIER

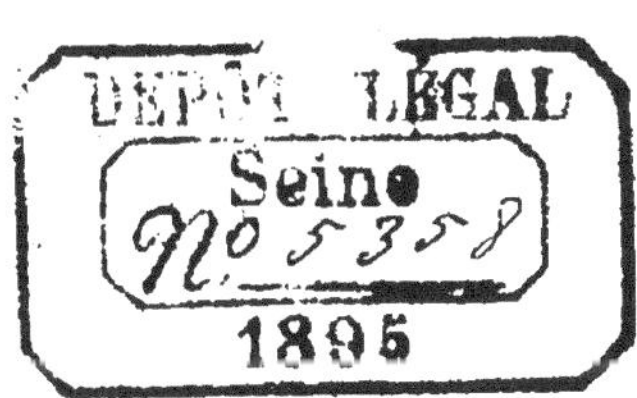

PARIS
ÉTIENNE GHILINI
ÉDITEUR
36, RUE DES BATIGNOLLES, 36
1895

LES COULISSES

DE MONTE-CARLO

A Son Altesse Sérénissime ALBERT Ier

Prince Souverain de Monaco

C'est à vous que je dédie ces pages, où j'ai essayé de mettre tout ce que je possède de logique et de sincérité.

Vous devez avoir, comme prince, le souci de votre peuple, autant que de votre autorité: comme homme descendant d'une ancienne famille, vous devez avoir à cœur de conserver intact le legs précieux de son honneur.

Méditez ce petit opuscule, où tout est en cause: peuple, autorité, honneur, et voyez si, vous le premier, vous n'avez pas le devoir sacré, sous peine de complicité et de forfaiture, par un contrôle sérieux et scrupuleux de ce qu'il dit, de remettre les choses à leur place.

Une bande de malfaiteurs piétine votre peuple, se fiche de votre autorité et vilipende votre honneur.

Il appartient à vous seul de les juger. Votre nom les couvre, vos lois les abritent, votre devise leur sert d'emblème. Il faut châtier ces misérables ! Demain, il ne sera plus temps : leur boue aura éclaboussé votre blason et la vindicte publique aura cloué au même pilori abject les exploiteurs sans vergogne et le prince qui les aura protégés.

J'ai l'honneur d'être, avec respect, Monseigneur,

Votre très humble serviteur,

H. HENRIETT,
Ex-croupier de Monte Carlo.

MONACO A VOL D'OISEAU

A mes lecteurs.

Ce n'est que lorsque les jeux de hasard furent supprimés partout en Europe que les frères Blanc s'en vinrent dans la principauté de Monaco installer leur roulette.

Elle fut un peu tripot au commencement, mais la concurrence, étant de par la loi empêchée, elle put rapidement s'élever à la hauteur d'une chose propre, du moins en apparence. On lui bâtit un temple ; elle eut des garçons chamarrés. Les pèlerins arrivèrent de tous côtés offrir à ce dieu de l'or à défaut d'encens ; on creusa des routes praticables et carrossables qui n'existaient pas ; on interdit aux employés de se soûler pendant la partie ; on reçut les clients en habit noir. Le Casino de Monte-Carlo était créé. Depuis, une administration a remplacé les frères Blanc et a pris en mains les intérêts d'un tas d'actionnaires ; ce n'est plus l'ancienne maison de jeu de Monaco, c'est la Société des Bains de mer de Monaco !

Le voyageur qui a pu passer en explorateur aventureux dans ces parages inexplorés, il y a trente ans, est bien étonné aujourd'hui de ne plus retrouver la trace de ce rocher aride, sauvage, battu continuellement par les flots de la mer, servant d'abri aux mouettes et de principauté à la famille Grimaldi. Tout un tapis de sable et de verdure a été étendu là-dessus ; de la vraie terre a surgi de ces rocs, qui a fait pousser une végétation abondante et exotique, vous donnant ainsi l'illusion de mille pays à la fois. Les promeneurs, rarement se perdent sous ces gentils petits massifs, à moins que ce ne soit pour étudier, calculer, pointer, vérifier une permanence, un système. . . . .

Dans la foule tumultueuse, que vous voyez se presser devant le Casino, parmi ces gens affairés, préoccupés, il n'y a pas un être humain et social, il y a des joueurs. « Il y a des malades que nous sommes obligés de soigner », disent avec cynisme Messieurs les croupiers. Et ils se chargent bien inconsciemment de le faire, je vous assure ; c'est la guérison ou la mort !

*
* *

Telle une rivière, longtemps retenue par les portes d'une écluse, s'épand mugissante, furieuse dans son lit, dès l'arrachement du barrage, telle

se rue, échevelée, stridente, cette bande de for-
cenés à l'ouverture des salles de jeu.

Les inspecteurs, en gens propres, se tiennent
à l'abri derrière les colonnes; les larbins se
sortent du milieu pour ne pas être salis ni
emportés par ce flot impétueux qui roule, semblable au flux de l'Océan, dépasse souvent son
but, va heurter, tout au fond, les piliers de l'édi-
fice, se replie sur lui-même et finit par se calmer
après dix minutes de trépidations, autour de
onze tables de jeu toutes prêtes à fonctionner et
à recevoir les offrandes.

Quelques quarts d'heure avant, le calme le
plus absolu régnait dans ces salles qui évoquent,
ainsi vides, l'idée d'un palais enchanté, hanté
par des génies. Comme des ombres sortant des
entrailles de la terre, à midi moins vingt
minutes, une centaine d'hommes en redingote
noire, pantalon noir, souliers noirs, tous noirs,
sont venus silencieusement, l'air plutôt ennuyé,
se grouper neuf autour de chaque table; tandis
que, deux à deux, en escouade sous la conduite
d'un brigadier, s'avancent majestueusement en
rythmant leurs pas, les garçons de peine dépo-
sant sur chaque table une lourde caisse scellée et
fermée à clef.

Chaque caisse contient pour la roulette quatre-
vingt mille francs en billets, or et pièces de cinq
francs. Une caisse de trente-et-quarante en contient deux cent mille.

Quelques secondes suffisent à ces excellents ouvriers pour compter, sans la moindre erreur, le contenu de la caisse et reconnaître sur un bordereau *ad hoc* la somme reçue. En frères, ils se partagent l'argent, qu'ils disposent d'une façon régulière en boudins, devant chacun d'eux, autour du cylindre. Le chef de table s'assure du bon fonctionnement de l'instrument, comme Deibler ferait du couperet de la guillotine.....

C'est à ce moment que le petit linge sale de l'administration se lave dans une causerie intime entre employés, en attendant l'ouverture des portes derrière lesquelles attendent, impatients, énervés, ridicules, cinq cents joueurs.

. . . .

Aux grondements assez semblables à ceux du tonnerre qu'a produits l'irruption en masse d'une foule de joueurs en rut, a succédé un calme relatif, troublé seulement par le frottement des écus et par l'annonce à haute voix des changes opérés par les croupiers.

C'est le moment où chacun se recueille avant la bataille ; on donne un dernier coup d'œil à sa bourse, on vérifie son système, on taille son crayon.

A midi précis, le sacrifice commence. Le monstre, saisi aux oreillettes par le premier tailleur, se met en mouvement. Messieurs, faites le jeu !...

On a beaucoup parlé de Monaco, à tort ou à raison ; on en a dit du bien et surtout du mal.

Les uns et les autres, obéissant à des mobiles différents, ont eu raison. Au point de vue philosophique, la maison de jeu de Monte-Carlo est aussi morale que les maisons de tolérance dans tous les pays du monde. Dans les deux espèces d'établissements publics, on y exploite le vice dont toute la société a le droit et le devoir de régler et d'administrer les transports. C'est pour ne pas être infectés par la gangrène et la syphilis qu'on a parqué les femmes sous une surveillance administrative, c'est pour ne pas être volés dans les tripots clandestins qui échappent à toute surveillance qu'on a cru devoir tolérer le jeu à Monaco.

Si j'entreprends, aujourd'hui, de raconter une série de faits, ce n'est pas pour condamner ni pour absoudre le jeu par lui-même, je ne veux pas m'en occuper ; il y a là une question de vice qui est du domaine de la philosophie pure, cela demanderait une trop longue controverse et offrirait une infinité de pour et de contre ; elle peut se juger selon une école et non selon les faits accomplis, je ne veux point faire de morale, je ne veux que raconter ce que j'ai vu, d'une façon impartiale.

Ayant appartenu moi-même à cette administration en qualité de croupier, je crois avoir l'autorité nécessaire pour parler de ces choses. J'ai fait, de la roulette et des hommes qui la mènent, une étude très approfondie.

Je dirai tout le bien de l'instrument inconscient et du jeu lui-même, je ne puis pas en dire autant des gens qui l'exploitent, et cela se conçoit aisément. On ne peut demander à une maîtresse de maison où l'on vend l'amour toutes les qualités que possède l'amour. Il y a une sensible différence entre le vice et l'exploiteur du vice. Cette différence est d'autant plus grande à Monaco que la concurrence est nulle et que la surveillance d'un gouvernement coupable est intéressée.

Je veux l'édification complète d'un public qui ne cessera jamais de hanter ces lieux. Je veux faire le procès de ces spéculateurs éhontés; je veux, preuves en mains, rassembler quelques faits, et la logique qui s'en dégagera fixera le portrait de ces hommes dans toute leur crudité malsaine. L'œuvre du jeu devient monstrueuse, jointe à celle qui se greffe sur elle et qui est accomplie en même temps par les chefs.

Ah! j'avais bien tort tout à l'heure d'écrire que ceux qui avaient dit du bien de Monaco avaient peut-être eu raison. Oui, le jeu est honnête, mais il n'en est pas moins le jeu qui poursuit son œuvre de destruction dans le monde, à l'abri des lois monégasques! Le jeu est honnête, mais aucun gouvernement ne le tolère! Cette prétendue honnêteté du jeu le rend bien plus pernicieux et sert les tenanciers à faire bien plus de victimes. Oui le jeu est honnête à Monte-Carlo, parce que, dans son honnêteté, ce jeu rapporte vingt ou vingt-cinq millions par an aux actionnaires. Soyez sûrs que s'il ne rapportait pas de gros bénéfices, ils auraient vite fait de le frauder, afin de donner une pleine assouvissance à leurs instincts bas et rapaces.

Sortez l'honnêteté du jeu à Monaco et vous ne trouverez plus rien dans cette maison prostituée, ou pour mieux dire vous y trouverez de tout, hors l'honneur!

Mais, toutes les institutions sont bonnes, tous les règlements sont excellents, il s'agit de savoir comment on les administre!

Je ne m'élève pas contre le jeu, mais bien contre ce privilège dont jouissent un tas d'hommes sans vergogne, eux-mêmes sans aucun contrôle, privilège dont ils se servent pour exploiter les joueurs, satisfaire leurs vengeances personnelles, fouiller dans toutes les vies privées au mépris de toute pudeur, se faire ainsi une sorte de suprématie élevée à prix d'or et de sang et qui contente leur basse vanité. Croyez-le bien, ces hommes sont les maîtres dans la principauté et dans leur chez eux vient tout le monde. Le prince de Monaco, qui doit certainement ignorer tout

ce qui se passe dans ces sombres bureaux et pour
qui plus spécialement j'écris ces lignes, n'est pas
plus chez lui que ne l'est mon domestique dans
mon bureau, que ne le sont les souverains de
tous les pays qui viennent goûter la douceur
d'un climat recherché et s'abandonner dans ces
pays féeriques aux plaisirs du repos. Un contrat
lie le prince de Monaco à l'administration des
Bains de mer. Ces hommes-là le paient; ils
paient ses valets, ses officiers, sa garde, sa police,
tout; ils demandent en échange la liberté d'agir.
Le prince n'a droit que de surveiller l'exécution
du contrat, aussi délègue-t-il près le Casino un
commissaire qui se fiche de lui dès sa nomina-
tion à l'*Officiel*. D'ailleurs, l'administration se
chargerait bien de le faire partir ou le dégommer
s'il essayait de faire le mutin. Il n'y a qu'un seul
coffre-fort : c'est le Casino ; il n'y a qu'un seul
Dieu : c'est le Casino ; il n'y a qu'un seul maître :
c'est encore le Casino.

Ces messieurs le disent assez à haute voix dans
les salons : « Nous n'avons que faire du prince
de Monaco ni de ses ordres en cas de réclama-
tions. Nous sommes les maîtres ici, nous le
payons tout exprès. »

Je déchirerai bien des voiles et lèverai plus
d'une tenture. Je demande pardon à mes lecteurs
du dégoût que pourra, à la fin, leur inspirer la
lecture de ces pages. Qu'ils ne s'attendent pas à
la description de crimes commis, ni aux péripé-

ties toujours émouvantes de suicides : on ne peut tout raconter. Je leur montrerai les hommes, de mon mieux je les dépeindrai ; ils auront assez pour comprendre le reste.

Inconnu du public, qui ne verra dans mon nom aucune chose de nature à donner une importance à mon petit livre, je tiens à déclarer que je me mets volontiers à la disposition des intéressés haut placés ou non, dont le nom pourrait venir au bout de ma plume pour toute sorte de témoignages et renseignements précis avec preuves irréfutables des faits que je vais avancer.

HECTOR HENRIETT,

78, rue de la République, Marseille.

PREMIÈRE PARTIE

LES ACTIFS

I

CHATIMENT

Vers la fin de l'année 1894, un jour, je ne me rappelle plus exactement lequel, du mois de novembre, une nouvelle circulait tout bas parmi les employés des jeux. On chuchotait des mots étranges, avec, sur le visage quasi jovial, un petit sourire plein de mystère et de satisfaction. La chose s'était passée dans la nuit. Toute une course sur la grande route de Nice; des cris; on l'avait poursuivi pour l'arrêter tandis qu'il courait, gesticulant, bavant, criant au voleur ! à l'assassin ! dans un état piteux, lamentable. On avait pu s'emparer de lui à la fin; on allait l'interner..... Qui ?..... qu'est-ce ?..... Eh ! bien, mais..... G***, vous savez bien G***, le chef des mouchards..... Il est devenu fou ! atteint de la folie de la persécution, cet homme a perdu tout à coup la raison, il a vu des gens armés qui voulaient le tuer. Il a pris peur, il a eu peur de son ombre, et sa cervelle détraquée lui a commandé la fuite. Il s'est mis à courir, éperdu, sur la grande route de Monaco à Nice, puis, épuisé, il est tombé, se tordant, désespéré de ne pouvoir chasser une horrible vision qui le poursuivait.

Étrange, oui bien étrange cette folie qui frappait tout à coup l'homme qui paraissait le plus solide et le mieux constitué de toute l'Administration. Et je me mis à réfléchir sur cet événement, me demandant si c'était là pur hasard ou un de ces châtiments qui sont la conséquence de causes déterminées, et devant lesquels le tout petit, ici-bas, pense à Dieu.

D'un seul coup je devinais toutes les souffrances endurées par ce misérable.

G***, l'exécuteur des basses-œuvres du Casino de Monte-Carlo, atteint de la folie de la persécution, ce devait être horrible !

C'était la preuve la plus flagrante des crimes commis, la raison se trouvant impuissante à maîtriser le cri de conscience de cette brute, la tête éclatant sous la pression de mille infamies comprimées.

Oh ! celui-là avait bien son compte. Terrible devait être son châtiment. Les cris intérieurs de toutes les victimes qu'il avait dû brutaliser, tuer après leur ruine. Tous les orphelins, toutes les veuves qui devaient le poursuivre lui reprochant

le suicide du chef de la maisonnée. Oh ! les terribles nuits d'angoisses, pendant lesquelles,
affolé, fatigué de résistance sous l'obsession d'un
affreux cauchemar, il devait se défendre contre
cent poignards vengeurs levés sur sa tête malade.

Grâce ! grâce ! Pauvre fou !

. . . .

Il avait cru être assez fort, assez endurci dans
le crime pour exécuter tous les projets infâmes
qui devaient lui servir à atteindre le but.

Toutes les besognes étaient bonnes pour cette
canaille, c'était lui qui donnait le coup de grâce
aux joueurs malheureux, c'était lui qu'on em-
ployait pour signifier à ceux que la roulette avait
ruinés, devenus intrus, qu'il n'avaient plus à
reparaître dans les salles de jeu : « Nous avons
votre argent, Monsieur, foutez le camp à présent ! » Et l'intrus allait se pendre ou se faire
sauter. Tous ces pendus au visage livide, comme
autant de spectres, devaient lui courir après criant
vengeance..... Châtiment !

Et pourtant, dans ces cas-là, G*** n'était que
l'instrument de la fatalité; docile, aussi hargneux
et brutal avec les joueurs ruinés qu'il était
hypocrite et lâche devant ses supérieurs hiérar-
chiques, cet homme devenait bourreau, tout
comme il aurait tendu les fesses aux coups de
botte d'un ponte sérieux et cossu.

Cette besogne qu'il paraissait accomplir d'un

cœur léger attisait en lui une haine sourde, tenace, haine dont il devait se servir pour briser tous les obstacles... Le sort venait bien mal à propos briser son idole. Il y a des buts inaccessibles ici-bas ; il y a des besognes qui tuent. Faut-il qu'il en ait eu de crimes sur la conscience pour se faire peur à lui-même !

II

L'Homme

Plutôt grand, brun, épaules carrées soutenant une tête avachie par l'abus de passions de toutes sortes, moustache noire forte sur une lèvre charnue et sensuelle, le regard faux et fuyant, cet homme promenait dans les salons de Monte-Carlo un air de majesté et de suffisance qui faisait dire de lui : « C'est un chef. »

Toujours occupé, parlant à voix basse, il arrêtait un complot, prenait un ordre d'exécution, décidait d'une mort entre deux saluts échangés. Il revenait d'une exécution comme d'une orgie, les yeux sans regard et les mains derrière le dos. J'ai vu rarément sourire cet homme qui semblait toujours enveloppé d'un mystère... Sournois, haineux, il ne riait pas ; il devait avoir un rictus intérieur qui se traduisait au dehors par une contraction à peine visible des muscles faciaux. Je crois que personne n'a jamais su ce qu'il pensait.

Ancien pilier de cercles où il a dû faire la connaissance de Bornier, dont nous nous occupons plus loin, il a vécu pendant longtemps de miettes que lui abandonnaient les croupiers de tous les tripots où se sont développés ses bas instincts. La famille devenant gênante pour cette nature de bas étage et ne pouvant qu'augmenter ses charges, il abandonna femme et enfants pour s'accoupler avec une femelle qui, le cas échéant, et dans certains moments de gêne, aurait pu, par un commerce facile, venir en aide aux besoins du ménage.

Paresseux, suant l'absinthe, je ne sais — je ne m'en suis jamais préoccupé d'ailleurs — qui a sorti cette brute aux allures d'homme de la fange, et l'a recommandé au Casino d'Aix-les-Bains, d'où son ami Bornier l'a sans doute retiré pour lui donner un poste de mouchard dans l'administration de Monte-Carlo. Il est inutile de savoir d'où il vient. Il a su vite devenir le chef de bande et son présent permet de nous fixer sur son passé.

Qu'importe si l'on ne peut relever la date exacte de sa première infamie, lorsqu'on se trouve assez bas dans la dégradation sociale pour avoir ressemblé à G***, on a certainement tout un passé de chutes, de compromissions, de basses œuvres et toutes sortes de tares à son honneur.

*
* *

Ce portrait était déjà fait lorsque des nouvelles toutes récentes de Monaco nous ont appris que G***, revenu de sa folie qu'il devait surtout à l'alcoolisme, a été réintégré dans ses anciennes fonctions, non en titre, c'est-à-dire d'une façon définitive, mais du moins en fait. Rien n'étant changé, par conséquent, puisque l'homme reparaît, nous allons nous occuper de ses aides qui, avec lui, forment le trio sur lequel repose toute l'administration des Bains de mer de Monaco.

III

LES AIDES

Comme le bourreau, G*** a des aides. Il veut bien donner le coup de grâce, mais il tient à ce que la besogne soit faite. Il élabore le plan, donne des instructions pour son exécution, mais ne paraît qu'à la fin pour presser le bouton.

Avez-vous remarqué dans les salons, entre dix

et onze heures du soir souvent, et parfois le matin de midi à deux heures, un homme lippu, presque gluant, de taille moyenne, ayant toujours son chapeau melon entre ses mains graisseuses, au visage idiot où se lit l'entêtement bestial du mulet? A deux centimètres des sourcils, cet homme, au front bas, porte très ras des cheveux fauves.

Coupée en brosse, honteuse est aussi sa moustache assez forte qui ombrage une lèvre indéfinissable, suintant le dégoût et le vice. Cet homme ne marche pas : il rampe ; on ne le voit pas venir : on le sent. On dirait dans sa marche qu'il évite de mettre le pied sur un cadavre. Pouah! son regard est bas comme toute sa personne ; lorsqu'il parle, les mots empâtés dans des sons bourdonnants lui sortent du ventre. Dehors, ce triste individu porte à la façon des rôdeurs une canne à épée ou un bâton plombé.

Il se nomme A***. C'est le bras droit de G***. Je crois qu'il est tout pour l'administration qui le tient en haute estime. C'est à lui que sont confiées toutes les intrigues, tous les complots. C'est un homme sûr.

Ex-agent de police, je ne sais pas au juste l'époque où il vint à Monaco.

Envoyé par la Sûreté de Paris dans la principauté pour filer un escarpe, sans doute plus honnête que lui, il a dû se mettre en rapport avec l'administration du Casino, qui a flairé en lui l'homme capable de tout et se l'ait attaché tout naturellement. Il avait trouvé son élément et y était resté. Ainsi vont les destinées des hommes. Si l'administration des Bains de mer avait besoin de lui, A*** avait encore plus besoin d'elle. Les agents de la Sûreté en France grattent bien quelque chose, mais ne font que gratter. Ici, A*** avait trouvé bonne pitance et un vaste champ pour l'assouvissement de ses passions.

Point de contrôle dans ce nouveau poste pour tous les rapports plus ou moins faux dont l'observation stricte, de la part de l'administration, devait lui assurer une prépondérance de maître absolu de ses arrêts. Et la brute se mit à l'œuvre. Il fallait se rendre utile, elle descendit dans les bas-fonds. Elle rêva plus, cette brute, elle voulut se rendre nécessaire, indispensable ; alors, elle imagina des complots qui n'existaient que dans son imagination de policier. C'est pourquoi l'on vit un jour, au Commissariat, une visite scrupuleuse de tous les sacs dits « ridicules » des dames. Une bombe de dynamite est si vite cachée là-dedans. A*** venait d'éventer un complot anarchiste et l'administration le proclama un grand homme. Il est vrai d'ajouter qu'on n'a jamais mis la main sur un simple pétard. Actuellement, A*** a la surveillance générale de toutes les femmes aux mœurs légères qu'un besoin de manger pousse à glaner dans les salles de jeu. Devant tout connaître, cet homme indispensable

a plein pouvoir et larges rémunérations. Seul,
dans la principauté, cet homme peut dire : « Je
veux. »

Une femme résiste à sa passion : il la chasse.
Désormais, elle ne rentrera dans les salons que
s'il le juge convenable et après qu'elle l'aura
assuré de sa complicité et de son concours. Car
la femme, à Monte-Carlo, est la moucharde par
excellence ; c'est elle qui vide les individus dans
l'alcôve ; c'est là qu'elle apprend les secrets de
beaucoup de familles, c'est là qu'elle connaît le
fond de la bourse du client. A***, tous les jours,
visite ces femmes et les fait casquer en espèces et
en secrets dont il fait ses rapports.

En retour de ces services, il donne à ces mal-
heureuses le droit de faire les putains dans le
Casino.

Cet homme ne deviendra jamais fou, comme
son acolyte G***. Il est, comme je l'ai déjà dit,
dans son élément ; il n'a jamais eu de conscience,
il est la négation du sentiment. Il est A***.

Pour compléter ce portrait, indispensable pour
comprendre la suite, je demande à mes lecteurs
la permission de consigner ici une anecdote qui,
tout en ne manquant pas d'originalité, donnera,
mieux qu'on ne pourrait le faire en plusieurs
volumes, l'exacte mesure des moyens dont dispose cet homme. MM. L... et L..., dont il est
inutile de dire le nom, le premier folliculaire au
service de tout le monde, le second sans aucune

profession avouable, la paire vivant d'expédients, avaient établi leur commerce (?) dans la ville de Nice où ils pouvaient à leur aise exploiter les joueurs, hommes et femmes, sous la haute protection d'A***, leur ami commun. Ils étaient la terreur d'une foule de petits joueurs et de pauvres femmes près desquels les deux compères prélevaient une dîme assez respectable.

Ils plumaient ces pauvres pigeons qui avaient le bon tact de casquer sans trop crier, pour ne pas s'attirer la colère des deux copains.

Un Anglais connu de tous les employés du Casino vivant du produit de la vente de *systèmes infaillibles* qu'il avait lancés dans toutes les directions, en Angleterre et en Amérique, reçut un matin la visite des deux filous. « Nous aurions besoin d'une somme de 400 francs pour payer une traite, dirent-ils avec un cynisme révoltant. Vous sachant dans une situation aisée, nous avons pensé que vous nous auriez fait l'amabilité de nous les prêter. Nous sommes bien dans l'administration du Casino par notre ami A***, auprès duquel nous vous offrons nos services les plus empressés. » L'Anglais, méfiant et ne connaissant pas les deux drôles, leur indiqua la porte en disant qu'il n'était nullement leur banquier. Mal lui en prit. Deux jours après, A*** fulminait contre lui un rapport réclamant les dernières rigueurs ; les contrôleurs lui retirèrent sa carte d'entrée. Le malheureux Anglais, de ce fait, était quasi ruiné. Il avait tout à espérer en revenant dans les salles de jeu ; aussi, ne sachant pas le mot de l'énigme, il exposa son affaire au Commissaire spécial de qui nous tenons l'histoire, qui, n'ayant rien à lui reprocher, tenta quelques démarches en sa faveur auprès de Bornier alors directeur général. Rien n'y fit ; A***, le maître, avait parlé, toute l'administration devait courber la tête devant son arrêt.

A quelques mois d'intervalle, le premier L..., pour des questions d'intérêt ou de femmes, se brouillait avec A***. Toute protection ayant disparu, le Casino avait cru devoir lui supprimer une petite subvention qu'il lui faisait comme journaliste. Aussi, L..., sur une feuille plus ou moins saine, vomissait des torrents d'injures contre l'administration.

Comme on vint, dans un cercle de fonctionnaires haut placés, à causer de l'incident, A***, alors présent, déclara que si l'administration voulait le laisser faire, il tuerait (*sic*) de sa propre main le maître chanteur, s'arrangeant de façon à n'avoir aucun démêlé avec la justice ! L'administration haussa les épaules à ce propos, le morceau n'en valait pas la peine. Ce fait, que des témoins sont prêts à confirmer, se passe de commentaires. Nous ne nous trouvons plus en face d'un mouchard, mais bien d'un gibier de potence, d'un vulgaire assassin. Et l'administration le sait et le tolère, et le maintient à son poste.....

Rapprochant certains faits, considérant certaines mesures d'ordre, en présence des hécatombes d'employés que l'administration ne cesse de faire pour épurer son personnel et voyant toujours A''' de plus en plus choyé, félicité dans ses fonctions de mouchard, je suis forcé de croire qu'un pacte de sang lie entre eux l'assassin A''' et l'administration des Bains de mer. Sans aucun doute, cette dernière s'est rendue la complice de cet escarpe, plusieurs fois dans des cas difficiles.

Des secrets terribles existent et A... en a le dépôt sacré. L'administration des Bains de mer de Monaco a peur des révélations de son complice, voilà pourquoi elle le choye, le tolère ; elle le subit, au lieu de le remettre entre les mains d'une cour d'assises, qui seule en ce moment aurait le droit de le juger!

Je prie S. A. le prince de Monaco d'ordonner une enquête sur ce fait grave.

Je me mets très volontiers à sa disposition pour lui apporter des preuves et témoignages d'hommes tout à fait honorables et je défie l'administration de porter l'affaire devant un tribunal quelconque.

Il y a un second aide, nous le désignerons par l'initiale F*** ; il n'offre rien de particulier en lui-même, il est commun, c'est un vulgaire marlou. Il a vécu longtemps au crochet des femmes à qui il vendait l'amour et des systèmes de toutes sortes. C'est un sous-ordre par excellence, le plat valet des deux précédents. Tout est moyen en lui : taille, bouche, front, moustache qui commence à grisonner, c'est un vieux beau. Il n'a de faible que l'intelligence, l'astuce plutôt ; cette médiocrité est compensée par une ténacité bestiale qui dépeint l'homme.

C'est le type le plus commun des mouchards, il n'est employé qu'aux besognes simples ; il se rend compte de son incapacité et veut bien, dans les exhibitions nécessitées par certains scandales qui appellent des témoignages au tribunal, payer de sa personne. Il est l'homme de paille, le mannequin, mais qu'importe! Il mange, et fait peur aux croupiers et aux joueurs modestes qui en sont quittes pour acheter sa protection, pour pas bien cher. L'ancien directeur des jeux Chompret le disait son ami et se promenait souvent avec lui dans les salles de jeu. Les directeurs et administrateurs actuels en font autant, mais un des fonctionnaires les plus respectables du Casino a donné sa démission pour ne pas l'avoir sous ses ordres ni à ses côtés.

Les goûts sont différents, les gens aussi. Ouf!..... posons un point à cette place et passons à l'administration, la complice de ces trois gredins.

DEUXIÈME PARTIE

LES PASSIFS

L'ADMINISTRATION

I

Monsieur Custot, dit Gusto

UNE LETTRE ANONYME

Un ami, employé du Casino de Monte-Carlo, à qui sans doute j'ai dû faire part de ma prochaine publication, m'adresse ces lignes :

« Monsieur,

« Votre idée est excellente et les quelques « lignes que j'ai lues de votre manuscrit sont « l'exacte vérité ; mais voulez-vous embêter Custot « plus encore? orthographiez son nom *Gusto*, « vous ne savez quel succès vous aurez. Il y a « dans son nom écrit *Gusto* toute une histoire « que je vous raconterais bien volontiers, mais ce « serait trop long.

« Agréez, etc... »

Je désirerais vivement connaître l'auteur ami de cette lettre, et je le prie, comme tous autres employés de Monte-Carlo qui auraient quelque chose à me dire touchant l'administration, de le faire sans crainte. Je sais trop à quoi ils s'exposent pour ne pas tenir secrets leurs noms, ils me connaissent tous et savent mon adresse. Ils peuvent être absolument sûrs de la plus grande discrétion.

Je n'ai pas l'honneur de connaître M. Custot, dit Gusto, le *Deus ex machina.*

Je n'ai que faire de l'homme et ne me donnerai pas la peine de savoir ce qu'il a été.

Il est, pour le moment, l'administrateur délégué de la Société des Bains de mer de Monaco. Cela me suffit, il est tout et rien, il est le valet des trois précédents, et, comme je classe mes gens par rang de taille, je vais m'occuper, après eux, de ce personnage.

Dès son arrivée au pouvoir, un grand brouhaha se produisit dans tout le personnel. Tout fut chaviré, renversé, mis sens dessus dessous. Ce Monsieur entendait faire tout par lui-même, dans le Casino dont il est le principal action-

naire. Il s'annonçait comme un réformateur à
tous crins, un révolutionnaire à craindre. Dans
l'administration, on tremblait ; dans le public, on
battait des mains. *Ecce homo!*

Le petit personnel, lui, habitué à ces revire-
ments de fortune, blasé sur les hommes qui ont
été et seront à sa tète, ne disait pas grand'chose.
Il en a vu tant de chefs !

L'assaut de l'assiette au beurre se continuait...

Etant sûr de n'avoir rien à gagner dans ces
changements de décors et de personnages, il
continuait son travail pénible, se moquant de
toutes les haines, des basses rancunes, de l'enche-
vêtrement d'appétits inavouables, de soif d'or et
du désir de régner qui les poussent tous à la
guerre dans ce petit pays. Quelle racaille, tout ce
monde des actionnaires ! Quelle entente voulez-
vous qu'il règne parmi tous ces fauves ainsi pos-
sédés par la soif du sang !

Ainsi Custot, dit Gusto, s'amenait comme
Pierre et Guillaume s'étaient amenés avant lui,
comme Gustave s'amènera après lui, par la force
du capital et de sa propre volonté.

La première nouvelle que j'eus de cet événement me fut révélée par la destitution du vieux
Chompret, administrateur des jeux. Ce vieux
bougre, aussi important qu'incapable, a le premier écopé.

En a-t-il fait des bassesses, lui, l'ancien croupier, croupier de naissance, descendant en droite

ligne d'une famille de croupiers et du temps où
les croupiers n'étaient certes pas aussi honnêtes
que ceux d'aujourd'hui, pour s'élever au poste
sacro-saint d'administrateur des jeux.

Il se tenait dans son fauteuil comme un vieux
crabe dans son trou. Pour se faire tolérer, il avait
bien commis quelques petites infamies, à droite,
à gauche; il avait pratiqué l'arbitraire, tout le
temps de son pouvoir, révoquant par-ci par-là un
employé de temps à autre, faisant condamner un
père de famille, avec le seul témoignage de F***,
son intime ami, à quelques mois de prison pour
vol, lui, qui de son temps, alors que les jeux
étaient tolérés en Europe, avait dû voler plus de
louis d'or qu'il n'avait de cheveux sur la tête.

Eh bien ! par un juste retour des choses d'ici-
bas, l'administrateur Chompret devenait un
petit employé à 200 francs par mois avec le titre
de vérificateur (?)

Oui, Custot commença par lui ses réformes.
Il n'y a rien à dire, laissons en paix ce fossile.

M. Bourdoncle, administrateur et collègue de
Chompret, fut aussi jeté par-dessus bord par le
même farouche Custot, dit Gusto. Là, il joua une
mauvaise carte. Bourdoncle, plus finot que lui,
intenta un procès à l'administration qui fut con-
damnée à lui payer 20,000 francs de dommages-
intérêts. C'est trop peu, Bourdoncle, c'est 100,000
francs qu'il fallait demander !

Puis il promena un regard indiscret sur tous

les services et bon nombre de petits employés
furent remerciés, changés. Il voulait faire table
rase et s'arrêta tout à coup devant le trio : G'",
A'" et F'". Quoi? qu'est-ce? Le géant allait-il se
laisser vaincre par ce trio de chenapans? Pourquoi
punir Chompret, puisque seuls les trois compères
étaient responsables des fautes commises.....
Hélas! il faut qu'il y ait des motifs bien sérieux.
Les trois individus ne furent pas molestés dans
l'accomplissement de leur tâche.

Après avoir étudié de près la question, réfléchi
sur les conséquences, il finit par faire alliance.

Le révolutionnaire était vaincu. Dès lors, il
commença à se tailler une large part du gâteau
en s'allouant, comme administrateur délégué,
une soixantaine de mille francs qui, joints aux
100,000 francs de fonds secrets dont il a seul la libre
disposition, lui font, avec le 2 o/o sur les affaires,
soit environ 40,000 francs : 200,000 francs par an.

Craignant la censure du Comité de surveillance obligatoire dans toute société anonyme, il
porta à 6,000 francs les frais de déplacement de ces
Messieurs du Comité, au lieu de 1,000 francs que
chacun touchait par chaque réunion du conseil.
Le 2 o/o sur les affaires leur fut, en sus, à chacun alloué.

Cela fait, il songea aux économies à réaliser. Il
serait trop long d'énumérer une à une toutes les
réformes. J'emprunte au journal *La Vie à
Nice et à Monaco* du 16 juin 1895 les lignes

suivantes qui donnent une idée de ces fameuses économies : « Soixante employés environ touchaient pour frais d'habillement une indemnité annuelle de 320 francs ; par une décision récente, cette indemnité se trouve supprimée. »

Voilà 14,000 francs d'économie d'un seul coup.

Plus loin, sur le même journal : « Les croupiers sortant de l'école débutaient à 200 francs par mois, soit 2,400 francs par an. Ils recevront désormais 300 francs par mois, mais on ne les engagera plus que pour six mois, ce qui leur fera 1,800 francs par an, d'où 600 francs d'économie. »

Épatant ! Épatant ! Aussi, après être tombée à 2,000 francs, l'action de Monaco est remontée à 2,140 francs.

Il paraît qu'il occupe les loisirs que lui laisse un travail aussi fatigant à courtiser les petites cocottes. Chut ! cela ne nous regarde pas. Je me demande même pourquoi je m'occupe de ces choses. Je ne dois voir qu'un seul côté de cet homme en vue, le côté administratif. Il est le chef d'une administration dont je veux faire le procès en règle ; il est de mon devoir de le présenter à mes lecteurs en tête de liste. A lui de voir, après la publication de ce livre, s'il doit continuer à maintenir son administration dans l'observation de certaines traditions que réprouve l'opinion publique, qui le tient pour complice dans les infamies commises par le trio G... A... F...

<hr>

II

MONSIEUR BORNIER

Dans la série des réformes opérées par Custot, dit Gusto, Bornier a été oublié ; je crois que c'est parce qu'un lien mystérieux le lie au trio A*** et Cie.

Cet homme a trempé dans toutes les sauces et mangé à tous les râteliers.

Une chronique que je lis dans un journal fort connu à Nice par ses attaques suivies autant que savantes contre l'administration de Monte-Carlo, *La Vie à Nice et à Monaco*, m'apprend, en effet, que cet homme a fait antichambre dans toutes les maisons des hommes au pouvoir, qu'il trahissait et reniait le jour de leur chute. Il paraît qu'il est très chatouilleux et excessivement violent. Il a, dit-on, montré, un jour, dans l'atrium, le poing à..... une femme dont il suspectait le mari d'être l'auteur d'un article injurieux pour lui ! Cela étant donné, voyons si je réussis à le faire sortir de son calme apparent en lui disant quelques vérités peu à sa louange. Je voudrais arriver, avec lui comme avec d'autres, à un débat contradictoire public. Je demande à être traduit devant un tribunal quelconque avec ces gens-là. Je parie cent contre un qu'il n'en fera rien.

Il aurait pourtant le devoir de le faire, puisqu'il est le directeur général en cause.

Monsieur Bornier, je vous accuse d'avoir été le complice de G***, A*** et F*** dans les basses œuvres qu'ils ont commises et qu'ils commettent journellement.

Tout ce qui suit dans ce livre est votre œuvre, puisque vous avez favorisé et autorisé le trio d'escarpes qui agit continuellement pour le compte du Casino.

C'est en 1882 que débarqua Bornier dans la principauté, en qualité de secrétaire de M. Dupressoir.

En dix années, cet homme, de rien qu'il était, a su parvenir au poste de directeur général, d'où l'a dégommé M. Custot. Dégommé est-ce bien le mot? Non, puisqu'il est encore quelque chose, comme qui dirait l'âme damnée de ce dernier. Les appointements seuls ont été mis en cause; il palpe un peu moins, voilà tout.

Il est petit, bilieux, au visage ovale où il essaye de mettre un peu de sérieux qui sied bien à ses fonctions, mais qui est peu en rapport avec sa personne. Je l'ai toujours pris pour un saltimbanque en rupture de corde. Il s'appelle Georges

de son petit nom et il adore les soupers fins avec
les petites femmes. Ce n'est que pour cet amour
profond du sexe qu'*il subissait avec une extrême
faiblesse*, dit encore le journal précité, la volonté
d'un certain directeur de théâtre qui disposait
d'une troupe choisie de femmes et qui avait le
tact de le gaver de soupers fins et de champagne
à la sortie des rendez-vous. Que voulez-vous,
c'est son faible.....; avis aux intéressés ! Avec
cela, il sévissait contre les malheureux croupiers
qui avaient le malheur d'accepter un petit verre,
en passant, d'un joueur quelconque. Il tenait à
ce que les employés se respectent..... Et respecte-
toi toi-même, vieux salaud !

Son passage aux affaires se signale par des
saletés de toute manière. Plus que tous, il a fait
de l'arbitraire son unique loi. Il avait des
protégés à qui il ne marchandait pas 2,000
francs de traitement de plus par an, pour leur
être agréable; de même qu'il rognait le plus possible les maigres émoluments du petit employé.
Deux mots le dépeignent : Incapacité, ambition.

M. Custot, dit Gusto, fera bien de le maintenir
à son nouveau poste pour qu'il nous donne plus
souvent l'occasion de parler de ses gaffes.

III

M. Fillhard, directeur des jeux

Voyons, ai-je bien besoin de m'occuper de Fillhard. Qui est-il ? d'où vient-il ? où va-t-il ?

N'est-ce pas assez d'avoir eu la pétouche au moment des remaniements des services par Custot et faut-il que je vienne l'assommer ?

Je le crois entre l'enclume et le marteau comme le Christ, de qui il a une vague ressemblance par la barbe, était entre les deux larrons.

Franchement, il n'a pas été fait pour être l directeur des jeux d'une pareille maison. Il se trouve tout étonné d'être parvenu à ce poste et ne sait plus comment faire pour s'y maintenir. Il fait, comme tous les autres, du zèle, mais je le crois trop bête pour user de moyens plus efficaces.

Incapable de gouverner sa maison où toutes sortes..... d'enfantillages se pratiquent, il ferme les yeux et, les bras en croix, déclare qu'il ne voit rien, qu'il ne sait rien et ne fait rien. Il laisse faire, le pauvre homme.

Il aspire à la tranquillité et au repos. C'est trop juste, le pauvre vieux s'est donné assez de mal pour élever sa nombreuse famille à la pointe du rateau. Tour à tour loueur de garni et valet cieux des rentiers qu'il hébergeait, il est las, et lève ses yeux fatigués vers un ciel qui se couvre de gros nuages.

Allons, mets ta fourrure, vieux, le temps est à la pluie, tâche de nager entre deux eaux et reste coi, gare à Custot !

Je te rends beaucoup de bien pour le mal que tu m'as fait, mais va, je ne t'en veux pas : je te tiens pour un irresponsable.

TROISIÈME PARTIE

L'ŒUVRE

I

JÉSUITERIES

En intitulant ce petit livre : *Les Coulisses de Monte-Carlo*, j'ai voulu moins montrer au public une série de crimes et de catastrophes accomplis journellement par la passion du jeu, que lui donner la certitude que tout ce qui a été dit jusqu'à ce jour, sur cette sombre maison, est bien au-dessous de la vérité, par le portrait fidèle des gens tarés qui sont à sa tête, escarpes, voleurs, marlous, assassins, et qui en dirigent, d'une façon occulte, toutes les mystérieuses opérations.

On peut tout croire, tout penser devant ces hommes : on sera toujours au-dessous de la vérité.

Bien qu'ils soient les maîtres absolus de la principauté, bien qu'ils cachent la vérité à quiconque, qu'on ne puisse exactement relever le nombre des suicidés à la Morgue, seront-ils moins coupables aujourd'hui qu'hier parce qu'on aura enseveli aujourd'hui moins de cadavres qu'hier? Et ce degré de culpabilité peut-il se mesurer au nombre des victimes? Non. Je me rappelle, à ce propos, la réponse que me fit un révérend père jésuite de la principauté, à qui j'avais fait une question analogue. — « Le joueur, me dit-il d'un ton hypocrite, est responsable de ses actes. Il y a des gens qui font du jeu un passe-temps et qui viennent à Monaco jouer le surplus de leurs rentes ; d'autres qui en font une passion et qui viennent ici se ruiner, ce n'est point notre faute. »

Oui, mon révérend, que Dieu garde dans ses bonnes grâces ; mais il n'en est pas moins vrai que si tous ne se ruinent pas, ce n'est pas votre faute non plus.

Nous avons, à Monaco, tous les moyens possibles pour arriver rapidement à la ruine, au déshonneur. Nous avons plus, nous avons un véhicule, le plus vite de tous : la passion.

Avec l'appât d'un gain énorme, nous avons des employés corrects et toute une presse soudoyée qui chante les délices et les splendeurs de ce petit pays. La pauvre victime retourne de ce palais enchanté, sans le sou dans sa poche, mais reconnaît à la bonne franquette qu'on l'a détroussée loyalement. On ne peut plus simplement avouer sa bêtise. Il est honnête, le jeu à Monaco! Je le crois sans peine, mais tout le monde y laisse son argent et souvent sa peau.

Des grands journaux de Paris et de province, que nous savons émarger aux fonds secrets du Casino et dont nous pourrions énumérer la longue liste avec le chiffre en toutes lettres, poussent l'audace jusqu'à se dire indépendants dans leurs pamphlets contre les gouvernements, alors qu'ils se taisent, étouffés par le gâteau, sur les plaies hideuses que fait tous les jours Monaco à nos nationaux.

Aucun journal ne réclamera un contrôle sérieux dans les entrées. Tous sont payés pour se taire. La Compagnie P.-L.-M. charrie toutes sortes de gens dans ce pays. Tous entrent : commerçants, artistes, employés, rentiers, mères de famille et putains, filous de tout acabit, tout se heurte et se coudoie sous l'œil protecteur des escarpes dont les portraits sont en tête de cet ouvrage.

Il y a bien un commissariat où toute personne est obligée de donner nom, profession et adresse. Bah ! simple formalité ! Feuilletez les livres d'inscription déposés aux archives du commissariat, vous n'y verrez inscrits que des rentiers, des propriétaires, etc... Tous gens aisés venant manger leurs rentes, et nous savons le contraire. La forme y est, c'est tout. Ne croyez pas que cette maison ne sache pas où vous allez, d'où vous venez et quels sont exactement vos moyens d'existence. Elle sait tout, mais puisque vous montrez un peu d'argent, elle vous tolérera. Les larbins se dérangeront pour vous laisser passer, en attendant de vous mettre par un bras à la porte, le jour où vous n'aurez plus le sou.

II

MOUCHARDS BESOGNEUX

Dès votre arrivée à Monte-Carlo, vos nom et adresse sont relevés minutieusement par A*** qui prépare votre fiche. Vous avez, dès lors, un casier, un numéro comme au bagne. On va s'occuper de votre dossier.

Si vous avez donné votre vrai nom, A*** et F*** auront vite fait d'élaborer sur votre compte une série de rapports qu'ils vont puiser eux-mêmes à la source ou qu'ils se font dépêcher de sous-agents installés dans tous les grands centres. L'officine G... A... F... livrera, quelques jours après, des renseignements très détaillés qui seront joints à votre dossier.

Si vous avez cru les dépister en donnant un faux nom, on vous filera ; l'escadron volant, les cocottes si vous aimez mieux, vous feront jaser ; elles vous emmèneront chez elles, surprendront une enveloppe, une carte, sauront qui vous êtes, et le tour est joué. Quelques jours après, on en sait aussi long sur votre compte que sur celui de votre voisin. Dès lors, tenez-vous bien, votre argent est compté ; aux moindres présages annonçant une baisse dans votre bourse, vous devenez un homme dangereux. Tout sera mis en œuvre pour vous faire tomber dans un piège, et l'on finira par vous chasser comme un être indélicat et malpropre.

Les gens assez nombreux qui se disent habitués, et qui, malgré le peu de ressources qu'ils accusent, ne sont pas molestés par le trio, sont, pour la plupart, des amis de la maison qu'un besoin quelconque oblige à vivre dans les salles de jeu. Vous avez là-dedans des systémiers, des filous, des escrocs, tous plus ou moins les pourvoyeurs de femmes de ces messieurs de l'administration et des personnages connus. Ils ont été peut-être de gros joueurs dans le temps, mais ils ne le sont plus. Ils sont la dernière incarnation du joueur. Au fond de l'entonnoir où le vice passe continuellement, ils se sont imprégnés de son essence, ils ont fini par se l'assimiler, par faire corps avec lui, et ne peuvent plus ni monter ni descendre. Ils sont là par la force des choses.

Au milieu de passions de toute sorte, ils les servent toutes et se font payer. Ces gens-là mettent le trouble là où ils passent. L'administration le sait et ne dit rien, seulement elle les rançonne.

Elle exige d'eux, et de temps en temps, quelques petits rapports, quelques petites infamies.

Ce sont ce qu'on appelle « Les mouchards besogneux ». D'une façon fatale, ces malheureux sont obligés de faire le mal. En lutte continuelle avec la vie, ils rôdent autour des tables, comme les chiffonniers autour des tas d'ordures : ils ramassent tout. Rien ne leur échappe. Les traînards et les orphelins(1) sont immédiatement happés par ces besogneux, qui trouvent le moyen de fournir ensuite un rapport sur la négligence des chefs de la table où ils ont opéré.

D'autre part, s'ils restent longtemps sans produire un rapport, l'administration pourrait les trouver inutiles et les jeter à la porte. — Dur métier : ou médire, ou calomnier, ou la mort. — Aussi s'empressent-ils d'inventer quelque chose : un malheureux croupier qu'ils disent avoir pris en faute, un joueur qui ne se conduit pas bien, etc... Ces rapports ne sont nullement contrôlés ; l'administration dit en parlant de ces gens-là : Ce sont des personnes amies de l'ordre et de l'honnêteté, certaines choses qu'ils voient les révoltent, et leur conscience indignée leur fait un devoir de nous les rapporter ; nous les remercions.

Cette peste, ces trop amis de l'ordre ont sou-

(1) On appelle traînards et orphelins les masses d'argent qui, par une cause quelconque, se trouvent oubliées par leurs propriétaires.

vent sur leur conscience, subordonnée à leur ventre, la révocation d'un employé que l'administration a fait jeter à la rue avec toute une famille sur le dos. Sur la foi d'un de leurs rapports, on a mis en prison des joueurs honnêtes, que sais-je encore...

Tout est lutte ici-bas !

F*** a débuté par là, aussi a-t-il toute cette canaille en haute estime.

..

Je me suis longtemps demandé à quoi pouvaient bien servir les renseignements que l'administration fait prendre avec un soin si méthodique sur chaque joueur. Puisqu'ils ne servent pas à contrôler les indications que donne chaque étranger, en entrant, car la vérité rétablie, ils tolèrent l'individu en faute, autour des tables, à quoi peuvent bien servir ces rapports sur tout ce qui touche la bourse, le caractère et la famille du joueur ?

III

LA BOURSE

Il est évident que l'administration d'une maison de jeu de l'importance de Monte-Carlo a besoin de savoir si les clients qui viennent jouer ont plus ou moins d'argent. On a agrandi les salles de jeu, ce n'est certes pas pour les encombrer de meubles inutiles.

Vous n'êtes pas mouchard. Vous n'êtes pas un rentier cossu. Vous êtes un modeste négociant qui voulez voir le jeu à Monaco. Tant pis, la maison a besoin de savoir qui vous êtes et connaître le fond de votre bourse. Cela lui permet de faire de temps à autre une razzia de joueurs dans la dèche, que l'administration s'obstine à vouloir appeler : filous.

Voyez ces inspecteurs généraux et ces sous-directeurs passant à côté d'un « douteux »; ils ont l'air de relever leur pantalon, de faire des manières et le salueront à peine d'un geste, dans la rue, si celui-ci leur tire son chapeau.

C'est au poids de la bourse qu'ils jugeront de l'homme; c'est à sa rondeur qu'ils proportionneront la courbette qu'ils doivent lui faire. Là plus que partout ailleurs, on n'adore qu'un seul dieu : Le veau d'or.

Voyez M. de Rothschild qui entre dans les salles. Il ne parle à personne, et va droit à la table où il sait trouver des gens qui lui vendront leur place ou qui la lui gardent, pour son compte, depuis une heure.

Il ramasse sur son passage des saluts obséquieux des garçons et des imbéciles qui ne savent pas encore que, dans un tripot, tous les hommes se valent. Il passe gros comme son coffre-fort; ennuyé, il tombe lourdement sur une chaise et demande de l'or. Seul, je crois, il a crédit ouvert dans la maison. On prétend, tout bas, que la plupart des actions lui appartiennent et que les actionnaires ne sont que ses hommes de paille. Il n'y aurait rien d'impossible.

L'argent n'a pas d'odeur.

Le trio G... A... F... ne s'occupe pas de lui, ni d'autres personnalités du même poids.

Mais regardez, près de lui, cette épave du vice, s'escrimant de son mieux contre un jeu meurtrier qui va lui enlever sa dernière pièce.

F*** a l'œil sur lui et le guette, et, lorsqu'après quelques essais infructueux il aura tout perdu, lorsque, dans un examen de conscience, cet homme, qui n'est pas plus coupable que M. de Rothschild, reconnaîtra avoir gaspillé ses dernières ressources, celles destinées à nourrir sa famille, et que, pris d'un remords, d'une rage involontaire contre lui-même, il laissera échapper un juron quelconque, G*** se présentera à lui et lui retirera sa carte d'entrée, le mettant ainsi dans l'impossibilité de pouvoir réclamer un viatique.

Oh! la bourse, la bourse! Il est nécessaire de connaître la bourse des joueurs!

IV

LE CARACTÈRE

Mais, croyez-vous que si ce joueur avait été plus énergique, d'un caractère plus violent, plus ferme, les choses se fussent passées ainsi?

Non. Quelques faits que j'ai vus moi-même et que je vais raconter prouveront que l'administration, qui est composée de gens craignant le bruit et l'esclandre, cède toujours devant les menaces, alors qu'elle est hargneuse et impitoyable pour l'humble requérant.

Un jeune couple, en voyage de noces, sans doute, avait épuisé tout son avoir.

Le dernier billet de mille francs avait été ramassé par moi-même, sur une douzaine qui avait perdu. L'opération n'avait pas duré longtemps. Avaient-ils perdu cinq ou dix mille francs? Je ne saurais le dire, mais ils n'avaient pas eu le temps de changer de table, tout s'était passé en quelques quarts d'heure, par petits paquets.

Ils restaient là ébahis devant cette catastrophe, pendant que deux grosses larmes roulaient silencieusement sur les joues de la jeune femme.

C'était entre deux et cinq heures ; le service allait être changé. Je me promis de leur dire deux mots en passant ; c'est ce que je fis, leur indiquant le moyen d'obtenir ce qu'on appelle le viatique et que la maison donne aux désespérés pour prolonger leur agonie. Après cela, je partis : il est absolument défendu aux employés de stationner dans les salons. Que se passa-t-il ensuite ? Je ne sais. Reprenant mon service à huit heures du soir, à la table n° 1, près du bureau de l'inspecteur général, je remarquai mes deux jeunes gens, et tous mes collègues les ont vus avec moi, affaissés sur un divan, le visage caché dans leurs mains. La femme pleurait abondamment.

Les mouchards G··· et F··· rôdaient autour, comme de grosses mouches vertes autour d'un cadavre.

Je compris assitôt que l'inspecteur général, n'ayant pu recueillir assez de témoignages de croupiers pour croire à la conséquence de la perte des deux malheureux, leur avait refusé le viatique.

Un ordre d'exécution avait déjà été lancé, et G··· et son aide allaient s'emparer des victimes.

Ah ! comme je regrettais alors de n'être qu'un tout petit employé sans aucun crédit auprès de la terrible Administration !

Tout de même et au risque d'encourir sa
colère, je racontai la chose à mon chef de table,
qui devant mon insistance demanda l'inspecteur
général et lui consigna le fait. M. Muller, inspecteur de service, me regarda en dessous et haussa
les épaules : Bah! cela ne le regardait plus,
c'était une affaire enterrée et qu'il fallait recom-
mencer pour un imbécile de croupier. Bref, par
acquit de conscience, la femme fut amenée devant
moi en présence de tous les joueurs et employés
(quel calvaire!). Oui, c'est Monsieur, dit-elle, avec
un sanglot. N'est-ce pas que j'ai joué à votre table ?
fit-elle en s'adressant à moi. Voyez, Monsieur,
rendez-moi le suprême service.....

— Allons, assez comme ça, tonna Muller, qui
n'est humain que pour les jeunes cocottes, vous
troublez le jeu, Madame!

J'étais ému.

Je reconnus en effet le couple, mais je fus seul
à le reconnaître, l'inspecteur ne tint aucun
compte de mon témoignage, et G"' les exécuta
le soir à la fermeture.

V

APPEL AUX DÉSESPÉRÉS

Ainsi, la parole du petit croupier ne valait rien et devant une infamie à commettre et une justice à rendre, vous, les satisfaits, vous, les repus, vous avez préféré l'infamie à quelques sous qui auraient pu soulager une misère !

Vous prenez sans compter un argent que les germes vicieux de la société viennent vous apporter dans une soif de gain, dans une folie que vous faites naître ! Vous le prenez de l'humble artisan comme du riche bourgeois, produit d'un travail pénible ou de malhonnêtes spéculations, vous prenez toujours, vous prenez quand même, avec certitude de prendre d'une façon fatale, constante ! Votre gain est assuré et vous reculez devant une aumône ?

A moi les désespérés ! A moi tous ceux qui souffrent, tous ceux que la fatalité tient enserrés dans un cercle de fer et de faim ! A moi les affamés, les pères de famille, que la misère souvent oblige à chercher un devoir dans le suicide de la maisonnée !

Vous tous qui cherchez un remède à vos maux dans le suicide, écoutez ! Lisez avec attention les deux anecdotes qui suivent. Ces deux faits, je les ai vus maintes fois se reproduire. Je ne peux certes pas vous conseiller de faire de même, mais ils vous diront assez comment, en montrant les dents, dans ce tripot, on peut tout de même s'empêcher de mourir. De cet argent qu'ils vous volent, ils vous rendront au moins une parcelle qui vous sauvera.

C'était vers le milieu de l'année 1894. Un monsieur gaillard se présente, sur les trois heures de l'après-midi, au bureau de l'Inspecteur général, M. Martini, alors de service. La chose se passait dans les salons, à la porte du bureau, à trois mètres de la table où j'étais de service et d'où j'ai pu assister à toute la scène. Sans tant de préambules, le joueur sortit un revolver de sa poche et, le mettant en batterie à dix centimètres de la poitrine de M. Martini, lui tint très rapidement ce discours : « Monsieur, je désire que vous m'apportiez vous-même, à cette place, 1,500 francs dont j'ai besoin. Si dans dix minutes, un quart d'heure au plus, je n'ai pas ce que je vous demande, je brûle la cervelle au premier employé venu. » Après dix ou quinze minutes de pourparlers, le Monsieur sortait des salons de jeu, les 1,500 francs dans sa poche, et filait par le premier train, sans avoir été molesté en aucune façon.

Un autre, et je tiens le fait d'un haut fonctionnaire, tout exprès mandé pour tout concilier, et qui est prêt à confirmer mon dire, descend dans

les cabinets d'aisance et prévient un garçon de
service que s'il n'a pas, dans quinze minutes au
plus, une somme de 2,000 francs, il se fera sauter
la tête ou provoquera un scandale dans le Casino.

Comme le premier, au bout du temps donné,
il sortait avec la somme demandée dans sa
poche et la vie sauve.

.·.

Je ne peux m'empêcher, à cette place, de faire
les réflexions suivantes, que tout lecteur se fera
avec moi.

Dans les faits que je viens de narrer, faits vus
et vécus, où est la justice, où est le droit? Quelle
est la maison de commerce, en France, voire la
maison de tolérance publique, qui ne porterait
pas le fait devant les tribunaux chargés de la
défense des intérêts de chacun? Quel est le premier devoir de tout homme qui est assailli,
dehors ou chez lui, par un individu, l'arme au
poing, avec ces mots : « La bourse ou la vie ? »
Casquer d'abord, s'il ne peut faire autrement, et
porter plainte ensuite. Les voleurs de grands
chemins seuls, ayant horreur de la justice,
cèdent devant plus forts qu'eux. Tout se
passe chez eux en famille. Il faut croire que
l'administration des Bains de mer de Monaco a
trop la conscience des vols qu'elle commet sur

les étrangers, pour casquer sans réserves devant la menace d'un forban qui les tient en joue.

Ces choses se passent entre voleurs. Et ces faits ne sont-ils pas le plus bel aveu que peut faire cette administration, aux spéculations assez louches et tellement inavouables, qu'elle ne peut se permettre, dans son intérêt, de les produire devant un tribunal, voire le tribunal de la principauté qui est tout à sa dévotion?

A bon entendeur, salut !

VI

La Famille

La bourse et le caractère du joueur intéressent la maison, nous venons de voir pour quelles raisons. Deux motifs lui imposent le devoir de connaître la famille de chacun de ses hôtes. Les deux motifs s'expliquent aisément. L'un sert de manteau à l'autre.

Dans le tas de gens qui forment la société hantant les salons de Monte-Carlo, vous avez le riche comme le gueux, le manant et le noble, l'honnête et le filou.

Bien que, dans notre France, le titre de citoyen soit donné indistinctement à tout homme établi, et que la noblesse du capital ait remplacé, du moins en fait, la noblesse du blason; bien que d'autres nations, autrement constituées, conservent en droit certains préjugés pour les gens issus de nobles..... il n'en est pas moins vrai que la vraie noblesse, aujourd'hui, c'est l'influence que vous donne un nom d'une famille qui jouit plus ou moins d'une certaine considération dans le monde.

Ayez de la considération ; arrivez à ce but par tous les moyens que vous voudrez, mais soyez influents ! Voyez l'exemple de ce Monsieur qui obtient satisfaction avec menace de brûler la cervelle au premier venu, il s'est donné tout d'un coup de l'influence, de la considération.

N'allez pas croire qu'il faille user de ce moyen à tout bout de champ dans l'existence. Je parle ici de Monte-Carlo. Elle vous égorge, elle, si elle peut, vous êtes dans le cas de légitime défense en usant de vos moyens.

L'administration sait tellement qu'il n'y a que l'influence, la considération qui valent quelque chose, qu'elle se méfie de toutes ces rosettes bariolées qu'affichent ostensiblement bon nombre de rastas. Elle tient à prendre ses renseignements elle-même ; elle sait parfaitement où vous allez, elle veut savoir d'où vous sortez. C'est son droit.

Elle n'a pas le temps de se confondre en courbettes devant tous les joueurs. Si elle doit au prince de Galles aide et protection, elle ne doit rien au maroufle qui le suit de près.

Il faut savoir observer ses distances (!).

Il faut qu'elle sache où poser le pied pour ne point se salir (!). Aussi elle se charge seule de prendre des renseignements sur votre famille et sur vos affaires privées.

Qu'importe si, en passant, elle éclabousse votre nom ; qu'importe si elle jette dans votre vie privée l'œil inquisiteur d'un A*** quelconque.

Tout lui est également indifférent. Elle veut.

VII

LES HAUTS PERSONNAGES. PRINCES ET ROIS

Ces renseignements lui servent dans beaucoup de cas. Elle jette dehors les petits et les moindres. Elle achète nombre de journalistes influents. Il faut qu'elle essaie de tenir les personnages de marque, les hauts dignitaires, les princes et les rois, par des petits secrets qu'elle recueille à droite, à gauche, en mouchardant, en épiant, en surveillant leur vie privée, et en les aidant au besoin dans leurs désirs lubriques.

Las d'être épiés, surveillés dans leurs palais à lambris d'or et ouvragés, fatigués de cette foule de courtisans, qui les ennuient et les guettent derrière les tentures épaisses et muettes de leurs salons d'orgie, les princes et les rois s'en viennent souvent à Monaco, à Nice ou au cap Martin, en villégiature, espérant trouver, dans ces petits pays, le calme et l'oubli.

Hélas! là moins qu'ailleurs ils ne pourront réaliser leur rêve. Pauvres rois, pauvres princes, je vous plains! Allez plus loin enterrer vos cachettes. Je vous défie de pouvoir, sans qu'on le sache, goûter pendant une minute un plaisir que peut se procurer un simple mortel!

A***, cet ignoble individu dont vous ne voudriez pas pour accomplir la dernière de vos besognes, A*** qui vaut à lui tout seul, par les moyens dont il dispose, une nuée de mouchards, A*** l'homme brute, vous attend, vous guette et en sait plus long, sur vos affaires privées, que le plus intime de vos confidents. Il est votre pot de chambre la nuit, votre cuvette ou vous faites votre toilette intime avant de vous coucher, il est le drap de lit qui abrite vos ébats amoureux, et le lendemain, il rira de votre façon de faire avec ses copains, qui en feront des gorges chaudes.

Vous, grand-duc Alexis de Russie, vos amours se racontent avec de grands éclats de voix dans tous les coins du Casino et de la principauté, et, si vous voulez savoir les infidélités que vous fit, l'an passé, la femme de vos rêves, adressez-vous au premier larbin venu.

Et vous, duc de L***, voulez-vous connaître par le détail, les faits et gestes de votre moitié? allez à l'officine G... A... F... ou venez chez moi. Tout le monde les connaît à Monaco. Ces cuistres n'ont même pas la pudeur de garder secrets certains renseignements délicats.

Vos femmes légitimes, à vous tous, princes royaux, se vautrent souvent dans les bras d'un vulgaire employé.

Et vous, prince de Galles, vous qui, d'après M. de Coataudon, commissaire du gouvernement, avez le renom d'être le plus bel étalon de la chaste Angleterre, dirigez plus loin vos maîtresses, la principauté de Monaco n'est pas un endroit assez caché.

Avec l'intention de vous être agréable, ces imbéciles dévoilent tous vos petits secrets et toutes vos plus secrètes passions.

Oyez plutôt. M. de Coataudon, dont nous donnons plus loin le portrait fidèle, ayant reçu la nouvelle de votre arrivée dans la principauté, réunit tous les chefs de service, parmi lesquels Fillhard, Chompret, etc... et leur dit ceci : « Vous savez que le prince de Galles, cet étalon (*sic*), arrive dans la principauté avec ses maîtresses (il paraît que vous en avez plusieurs) ; j'espère bien que dans les différents services dont la direction vous est confiée, il ne se produira aucun incident de nature à provoquer la moindre réclamation. »

C'était tout dire. Vous tous, pourvoyeurs, raccoleurs, entremetteurs, garçons d'écurie, soyez au poste pour tout ce qui a trait au service de Monseigneur et de ses maîtresses!

Et le roi de S***. Elle est bien bonne, celle-là, et je me permets de la raconter tout au long.

Cela fera rêver la prince de Monaco. C'était sous le... règne de Bornier. Sa Majesté le roi de S*** vint un jour rendre visite à son excellent ami S. A. S. le prince de Monaco.

La ville fut en liesse pendant un jour, et le soir, au souper, donna des aubades sous les fenêtres du palais. Je ne me rappelle plus exactement si c'est au cours de cette visite ou d'une visite précédente que ce fait eut lieu, mais peu importe et la date ne change pas la nature du fait qui est d'une rigoureuse exactitude.

Le lendemain, le roi vint en bourgeois comme un simple pékin, accompagné de sa maison militaire, également en bourgeois. Grand bruit dans les salons ; on s'efface, on s'empresse, des ordres étaient donnés, très sévères ; on n'avait qu'à bien se tenir.

En même temps que lui entrait dans les salons, descendant en droite ligne de l'administration (lisez M. Bornier), un inspecteur général, Muller (Emile), qui, de table en table, parlant bas, donna la consigne à chaque employé de surveiller si, par hasard, dans le jeu du roi, il ne se glissait pas quelques plaques de cent francs en or à l'effigie du prince de Monaco.

De quoi se mêlait cette administration? Qu'est-ce que ces mots voulaient signifier?

Il y avait là, évidemment, quelque chose..... un secret qu'on voulait surprendre.

Est-ce que par hasard, comme disait si bien Muller, Sa Majesté le roi de S*** venait de temps en temps émarger auprès de son ami le prince de Monaco, à un budget secret pour mystérieux services rendus.....?

C'est ce que beaucoup d'employés ont pensé. Il en est de même pour tous les autres rois et empereurs du monde qu'on suppose avoir des gênes momentanées et qui, les malheureux, sont suspectés par cette administration en posant le pied sur la frontière monégasque.

Bornier avait raison de suspecter le roi de S***. Est-ce qu'un roi, un empereur quelconque, peut être l'ami du prince de Monaco si ce n'est pour lui demander de l'argent?

Allez, allez dans cette maison que vous avez la bêtise de tolérer, princes, rois et hauts dignitaires! Dans quelque temps vous ne pourrez plus vous opposer à l'accomplissement de son œuvre infâme, c'est elle qui vous tiendra tous et vous fera chanter.

VIII

LES PETITS ET LES MOINDRES

Mais tout ceci ne s'adresse qu'aux haut placés dans la hiérarchie sociale.

Pour les petits et les moindres, l'administration n'en fait pas moins les mêmes frais.

Devoir, obligation, corvée lugubre celle-là. mais corvée et devoir tout de même.

Le petit, qui a en lui la passion du jeu et qui, muni de son léger bagage, pousse une pointe vers Monaco, est classé, en arrivant, dans les futurs suicidés.

Les stations qu'il peut faire dans la principauté ne sont que les étapes successives par lesquelles il est obligé de passer pour arriver au saut final.

La roulette veut bien lui enlever son argent petit à petit ou tout d'un coup, à son choix. L'administration veut bien s'amuser avec lui comme un chat ferait avec une souris, mais comme elle sait que tout va finir par un grabuge, elle prend ses précautions, et cela se comprend.

Voyons un peu ce qui arriverait si elle ne s'occupait pas de lui.

Le joueur est partout le même. Il joue, il fait la noce, s'imagine tenir la lune pendant quelque temps, puis, un beau soir, il s'aperçoit qu'il est ruiné, perdu, et qu'il n'a plus qu'à se pendre.

Sa famille l'attend tous les jours, et comme Marlborough, le bonhomme ne revient pas. Ne tenant pas à attirer l'attention sur elle, la principauté reste muette sur l'événement. On s'inquiète chez lui, on le cherche, on finit par s'adresser aux journaux qui, dans ce cas, ne sachant pas de quoi il s'agit, commettraient certainement la suprême bêtise de publier l'aventure aux quatre coins du globe.

Mais tout cela en vain, puisque le type est déjà loin dans les limbes. Enfin, un beau jour, sa famille, lasse de recherches et à bout d'espoir et de ressources, en prend son parti et finit par s'imaginer qu'un des leurs a été enlevé par le feu du ciel comme Absalon.

Tout cela ne serait pas mal, mais ferait beaucoup trop de potin. Il y aurait une masse de disparus tous les ans, qui finirait par inquiéter la population et les gouvernements. L'administration, trop prudente, ne veut pas de ces choses.

Les formalités du décès se font sur les registres, en même temps que le joueur se ruine sur le tapis.

A*** suit de près la maladie, et lorsque la mort arrive, un télégramme ou une simple lettre annonce à sa famille qu'un des leurs est mort de la rupture d'un anévrisme ou d'une tout autre cause.

On joint à la lettre un petit secours en espèces, que l'on dit d'habitude avoir été trouvées dans

les poches du mort, et tout est dit. C'est propre,
convenable et supprime le potin dont a tant
peur l'administration. Voyez si les journaux
s'occupent de ces affaires, jamais de la vie !

Essayez de vous adresser à eux pour une histoire semblable. Oh ! là, là ! ce qu'on vous ferait
courir.

Et voilà pourquoi on a besoin, à Monaco, de
connaître votre bourse, votre caractère et votre
famille.

IX

LE CIMETIÈRE DES SUICIDÉS

Nulle part il n'existe, dans l'enclos réservé aux
morts, une place spéciale, un cimetière à part
pour les suicidés. Nulle part il n'existe un nombre aussi considérable de suicidés qu'à Monaco,
pour qu'il faille leur réserver un emplacement
spécial dans le champ de repos. Ce qui, dans
nos ville, constitue un événement, est, dans la
principauté, chose habituelle ; là-bas, on fabri-
que les suicidés, aussi ils ont leur cimetière.

Chaque religion, chaque caste, peut avoir un
cimetière pour ses adeptes. Dans certains grands
centres, comme Paris, on ménage un coin pour
les suppliciés.

On n'a point de bourreau ni de guillotine à Monaco, on a la roulette et le trente-et-quarante et on a un cimetière des suicidés.

C'est à gauche, en entrant, du Campo-Santo, tout à fait au fond, presque sur la frontière de France. Le voyageur, en arrivant dans la principauté, l'aperçoit tout d'abord ; une tranchée, qui sert de chemin au public, le sépare du grand cimetière.

D'un côté : les Monégasques, pour la plupart ex-employés des jeux, tous ayant vécu par le jeu ; de l'autre : les victimes du jeu.

Des ronces et des épines courent sur les murs peu élevés de ce petit cimetière.

Une mauvaise grille grince en ouvrant un passage aux porteurs de cadavres.

Il est bien triste et seul, le cimetière des suicidés de Monaco !

Point d'amis, point de parents, qui visitent ce dernier asile des déshérités du sort ! J'ai rarement vu fouiller la terre dans ce petit coin. La nuit, sans doute, doit se faire la lugubre besogne. Lorsqu'on ne peut pas faire différemment, lorsqu'on se trouve en présence d'un cadavre que tout le monde a pu voir sur la voie publique, la cérémonie se fait au grand jour, lestement, furtivement.

Mais pour les autres, les machabées discrets, *chi lo sa ?*

Un agent de la sûreté avait l'habitude de me

faire part des trouvailles funèbres faites la veille.

Souvent, poussé par un désir de voir, de connaître, j'allais, le lendemain, visiter le petit coin, je n'y ai jamais vu de changements. Pas une croix en plus, rien !

Où avait-on placé le pendu de la veille ? Sur celui de l'avant-veille sans doute ; on doit les empiler par tas, pour que la même croix serve pour tous, car il est petit le cimetière des suicidés à Monaco.

Sans compter que beaucoup s'en vont chez eux se détruire...

Il faut que ça ne donne pas dans l'œil des étrangers qui pourraient se hasarder dans ces tristes solitudes. Il n'y a donc pas le respect de la victime ni de la mort dans ce pays essentiellement religieux.

On les empile par tas !... ou bien... du haut du rocher de Monaco, surplombant l'abattoir de la ville, on voit la mer bien grosse et bien démontée souvent. Des squales et marsouins de toutes espèces viennent dans ces parages attirés par de gros morceaux de viande charriés par les égouts de l'abattoir. Qui sait si A***..... Brr !

Il est bien triste et seul le cimetière des suicidés à Monaco.

QUATRIÈME PARTIE

LES INUTILES

I

Le Commissaire spécial

Il existe dans la société des Bains de Mer de Monaco pas mal de sinécures. Il faut contenter les fils à papa, ne pas indisposer telle ou telle personnalité qui voudrait une place pour un de ses protégés ; il faut que tout le monde vive.

L'administration de Monaco a, d'ailleurs, plus besoin que nulle autre administration d'avoir des postes marqués, ronflants, importants pour la vue, et souvent pour cacher sous l'honnêteté des gens qui les occupent des plats valets aux besognes louches. Le commissariat est un de ces postes. Les attributions d'un commissaire spécial sont vastes, mais, en réalité, le titulaire de ce poste ronflant est un inutile.

Le commissaire spécial, dans les salons de Monte-Carlo, a la surveillance générale de tout le Casino. Il dirige la police ; c'est à lui qu'incombe le devoir d'assurer l'ordre, l'exécution des règlements qui garantissent la tranquillité du Casino, la sûreté des étrangers et le bien-être de tout le monde. Il règle les différends qui peuvent se produire dans l'intérieur du Casino. Ce fonctionnaire doit arriver le premier et partir le dernier de la maison confiée à sa surveillance. Il doit inspirer du respect et de la confiance.

Aussi, est-ce toujours parmi les magistrats retraités ou anciens fonctionnaires français, d'une honnêteté patente et reconnue, qu'on recrute le titulaire de ce poste important.

L'administration le place le premier en vue. On dirait qu'elle veut s'en parer, elle si sale, pour se désinfecter. Elle l'étale aux yeux des nations.

Il n'a que l'éclat, pauvre homme, les couleurs vives du papillon que plaint le poète. Cet éclat, cet honneur, lui attirent la haine de certains de ses subordonnés qui, en fait, sont plus que lui.

Que deviendraient G···, A··· et F···, si le commissaire spécial voulait réellement prendre son rôle au sérieux. Est-ce qu'il comprend seulement le premier mot de la police telle que la désire l'administration?

Le trio G... A... F... rit tout bas de lui dès qu'il apparaît pour prendre possession de son bureau.

Au bout de quelques jours, le pauvre sire s'aperçoit qu'il n'a pas plus d'autorité que son valet de chambre; il cherche sa voie, et ne sait plus où commencent et où finissent ses fonctions. Il s'aperçoit enfin qu'il est inutile et qu'on le tolère au bout de quelques mois.

Par habitude, il contrôle certains services ; il ne hasarde jamais aucun rapport, ou, s'il est obligé d'en risquer un seul, il voit son autorité méconnue, ses ordres rebutés, et, dans tous les services, il se heurte au fameux G*** et ses aides, qui finissent par le faire destituer comme incapable ou, si c'est un homme d'honneur, il se voit obligé de démissionner par dignité.

C'est pourquoi on a vu M. de Gourlet, ancien sous-préfet, M. Ambroggi, commissaire aux délégations judiciaires en retraite, M. Astic et tant d'autres, tous ayant un passé honorable et digne, partir de cette maison indignés ou chassés. Les uns, comme ce malheureux de Gourlet, vont au loin et se font sauter, ne pouvant se faire à l'idée d'avoir été, sur leurs vieux jours, chassés d'un tripot pareil ; les autres résistent et luttent.

Ce poste éphémère a vu des masses de titulaires. Tous partent de là, au bout de quelques années de service. C'est intenable !

Un seul pourtant, le dernier de tous, celui qui a pris possession de la férule il y a quelques mois, paraît devoir s'accommoder avec les exigences de ce service de mannequin. Il a trouvé le joint et veut se rendre utile à quelque chose.

Oh ! c'est un linot, un roublard, et avec cela de la poigne, morbleu ! à assommer un bœuf !

Il n'était que sous-ordre lors de l'administration de M. Ambroggi, lorsqu'un soir, vers les neuf heures, il administra une volée de coups de poing à un malheureux joueur qui avait eu l'audace (le croiriez-vous?) de se plaindre de ce qu'on lui avait pris son argent, et qui venait réclamer un viatique. Oui, Monsieur, après l'avoir fait passer dans l'oubliette ménagée derrière le cabinet du commissaire, il le poussa dans un coin et l'assomma. Deux garçons étaient là, ébahis, muets de frayeur, n'osant s'interposer. Sur un signe de l'opérateur, ils l'emportèrent et le jetèrent comme un paquet de linge par la petite porte qui donne sur le passage des croupiers.

On entendait, du Café de Paris, les cris de la victime de cet odieux attentat.

Le lendemain, ce rustre faisait parade de sa façon énergique et brutale de terminer les affaires et de clore les incidents, devant le personnel du commissariat qui le félicita de son mieux. Cela lui a valu une augmentation de traitement de 2,000 francs par an, et plus tard la succession d'Ambroggi.

Il se nomme Roubaud, il est titulaire à présent. Je crois qu'il fera son chemin.

II

Le Commissaire du gouvernement

Au-dessus de ce petit monde, au-dessus de ces petites choses, plane, drapé dans son ignorance et sa bêtise, plein de suffisance et de vanité, M. du Pont-l'Abbé de Coataudon, commissaire du gouvernement près le Casino de Monte-Carlo. Ah ! voilà un gros légume !

Une atmosphère de mépris pour le commun des mortels l'enveloppe et l'accompagne dans ses mille évolutions autour des services.

C'est qu'il n'a pas toujours mangé à cet abondant ratelier, M. du Pont-l'Abbé de Coataudon. Il a été simple agent de police dans les salons de jeu, ce qui, franchement, était peu en rapport avec ses titres de noblesse.

Le besoin joue de bien vilains tours aux petites gens. Mais depuis, il a augmenté de volume. Il est plein de lui en ce moment, ses moustaches se sont allongées, il tient à être quelqu'un.

Aussi, ne laisse-t-il jamais échapper l'occasion de se produire. Malheureusement, le bout de l'oreille perce sous sa peau de lionceau.

On m'a dit qu'il le faisait exprès, et que si, parfois, il brait, c'est pour avoir du son.

L'administration le tient pour un inoffensif. Qu'elle y prenne garde, souvent les amis bêtes font plus de mal que les ennemis intelligents. Il a des fonctions délicates, des pouvoirs assez étendus et avec cela il est ambitieux. C'est plus qu'il ne faut pour faire des omelettes.

Il veut se mettre en évidence et parle constamment de l'épuration des salles de jeu.

Il ne comprend pas, l'imbécile, que l'épuration qu'il demande est contraire au trio G... A... F... qui ne peut manœuvrer qu'en eau trouble.

Dans cette fameuse épuration seraient compris tous les filous au service d'A***.

Et les mouchards besogneux par quoi seraient-ils remplacés ? Vous voulez donc tout démolir ? Mais, avant vous, les croupiers l'ont demandée cette épuration ; ils sont un peu mieux placés que vous pour en reconnaître l'utilité incontestable, et pourtant ils n'ont jamais été écoutés !

Je crois que vous ferez bien de vous taire si, tout recommandé par le prince que vous êtes, vous ne voulez pas qu'on vous fiche à la porte. Vous avez le rôle de mannequin là-dedans comme tous vos semblables aux postes éminents. Il n'y a qu'une seule administration dans cette boîte, c'est l'officine G*** et Cie. Tâchez de vous mettre bien avec elle, si vous ne voulez laisser vos quatre poils dans la mêlée.

Tenez, une fois, une seule fois, vous avez été dans la note. Sans un petit potin que fit M. le vice-consul d'Angleterre, tout marchait à souhait. Vous étiez tout plein dans les vues de ces messieurs. C'est lorsque, dans le but d'épurer les salles de jeu, vous aviez interdit aux consuls domiciliés dans la principauté l'accès du Casino. Vous supprimiez, par ce moyen, une surveillance souvent gênante pour le trio.

Bigre, vous faisiez-là un riche coup !

Par ce fait, les étrangers n'ayant aucune protection auraient été plus facilement livrés à l'infâme inquisition d'A'''.

On les aurait pris, détroussés et frits comme des petits poissons.

« Et que messieurs les consuls réclament, s'ils ne sont pas contents ! » avez-vous ajouté en guise de conclusion.

Allons, allons, pas de bêtises, Coataudon !

Lorsqu'on a une tête comme la vôtre, avec une si crâne ignorance, on moisit aux archives, d'où on n'aurait jamais dû vous sortir.

Mais au fait, vous ou un autre au poste de commissaire du gouvernement, c'est la même chose, et l'administration saurait bien mettre à la raison l'audacieux qui essaierait de la contrecarrer dans l'exécution de ses projets.

On veut bien de vous pour meubler le Casino. Vous leur témoignerez votre gratitude en restant un beau meuble et en ne bougeant pas beaucoup.

III

LES CROUPIERS

S'il est au monde un métier pénible, ne rapportant à l'ouvrier que déboires et haines, avec une déconsidération accusée, qui est peu en rapport avec les bénéfices qu'il en retire, c'est le métier de croupier à Monte-Carlo. Cet homme qui est excessivement honnête, je pourrais dire foncièrement honnête, porte le titre de croupier qu'on donne à tous filous et déclassés des cercles, et jouit, comme ces derniers, d'une mauvaise réputation.

Rien n'est plus injuste cependant. J'ai vu des croupiers de Monte-Carlo, avec les tas d'or qu'ils manipulent, embêtés, ennuyés, courir d'un collègue à l'autre pour se faire avancer une misérable somme dont ils avaient besoin pour faire honneur à leurs engagements. Je parle ici du croupier en général ; je ne veux point faire de personnalités. Je ne veux pas chercher, dans le tas, la brebis galeuse que l'on finit certes par trouver partout. Je les connais tous ; je pourrais faire la biographie de chacun d'eux. Tous sont mes amis, et je suis heureux de pouvoir leur donner publiquement la meilleure marque de toute mon estime.

J'ai tenu à les présenter en dernier lieu, afin de mieux montrer à mes lecteurs, par ce qui précède, la difficulté qu'ils ont à faire leur service, et qui leur est créée par la meute qu'on a déchaînée à leurs trousses.

Ils ne sont pour rien dans les infamies commises, ils sont eux aussi les victimes.

Le croupier est la bête noire du Casino; c'est l'âne de la fable; c'est sur lui qu'on frappe à bras raccourcis.

N'est-ce pas lui qui ramasse votre argent sur le tapis? N'est-ce pas lui qui paie, qui encaisse, qui fait tourner la bille et qui bat les cartes; qui a, en un mot, le poste de confiance sur lequel sont braqués tous les yeux?

Il a la malédiction de la foule et la méfiance de ses chefs. Savez-vous ce qu'il gagne? Il débute à 200 francs par mois et arrive avec une augmentation de 25 francs tous les deux ans, c'est-à-dire après huit années de services, à un maximum de 400 francs. Pour celui qui a le bonheur d'être admis au trente-et-quarante, son maximum de paie, après seize années de services, de labeurs et de soumissions de toutes natures, sera fixé à 600 francs par mois. Mais quel rude calvaire pour arriver là, pour ceux qui arrivent, car beaucoup restent en route, comme nos petits soldats à Madagascar!

On exige du postulant croupier un passé honnête, un casier judiciaire vierge, et, comme on n'arrive pas à ce poste sans protection, tous appartiennent à d'honorables familles. Après une école de croupier qui dure environ six mois, on les met à table. Pensez donc quelle somme de philosophie il faudra à ce jeune employé qui n'a jamais joué un sou, qui ne connaît rien de rien de la vie libertine qu'on mène dans les salons de Monte-Carlo, le jour où il se verra entouré de toutes sortes de gens, l'interpellant, l'injuriant, se moquant de sa gaucherie à haute voix, jouant de l'or comme s'ils le fabriquaient, faisant montre d'une rapacité et d'une débauche qu'il n'avait jamais soupçonnées jusqu'à ce jour. Dès ce moment commence en lui l'œuvre de dégradation morale fatale dans ce milieu de déclassés et que, plus tard, lui reprochera l'administration pour le jeter à la rue. Cette œuvre du vice, cet abrutissement qui s'empare à moins d'être bien trempé, de tout individu qui vit avec le vice, est pourtant l'œuvre du Casino. L'administration prend les jeunes croupiers dans leur famille (bon nombre n'ont pas encore vingt années révolues), les avilit le plus possible, suscite en eux des idées de luxe qu'ils n'avaient certes pas, leur donne l'exemple le plus éhonté de débauche, et, lorsque, comme ce malheureux M..., entraînés, faibles, elle les surprend en faute, elle les jette au fumier, sans merci. Ah! ils sont durs, ces voleurs, pour les malheureux pères de famille à leur solde. Et pourtant, on n'en a pas pris des masses d'employés en faute depuis tantôt six ans : deux, c'est tout.

On ne peut pas exiger d'eux plus de probité que leurs chefs n'en font preuve.

Un pacte moral, bien autrement sacré que leur engagement qu'ils font signer par l'employé, le couteau sur la gorge, engagement qui ne serait reconnu valable par aucune juridiction, les lie aux croupiers. L'administration, de par ce pacte, est responsable des égarements qui peuvent survenir dans la conduite du jeune employé. Les vols, si vol il y a, c'est elle qui en est moralement responsable ; c'est elle qui a perverti la nature de son employé, et c'est indigne, honteux, de voir des jeunes gens qui, dans toute autre carrière, auraient vécu honorés et estimés de tous, dans les traditions honnêtes de leurs familles, c'est honteux, dis-je, de voir ces jeunes gens, chassés pour vol, d'une maison de voleurs !

Et encore, si toutes les fois l'administration se donnait la peine de voir, de prendre sur le fait, un employé soupçonné, il y aurait moins à dire ; mais c'est que, la plupart du temps, on sort de cette maison sans savoir ni pourquoi, ni comment, sur la foi d'un mouchard besogneux, à qui le prévenu aura fait mauvaise mine à table en lui empêchant de voler la masse d'un voisin.

Ah ! lâches assassins, en avez-vous des victimes sur vos consciences de bourreaux !

Il est donc parfaitement entendu qu'il est impossible au croupier de faire exactement son service sans récolter quelques punitions qu'on appelle mise à pied, et qui consistent en la suppression, pendant un jour ou trois mois au plus, du traitement qui doit le faire vivre honnêtement.

Il faut qu'il voie tout, qu'il sache tout.

Dans une discussion, le joueur le mettra en demeure de se prononcer ; il aura, selon le cas, à lui donner tort ou raison, ce qui peut indisposer le joueur qui ira se plaindre à l'administration. Sans rime ni raison, celle-ci donnera tort à l'employé pour avoir provoqué l'incident. Si, plus prudent une autre fois, et pour prévenir tout conflit, il paie le joueur qu'il suppose de bonne foi, il est immédiatement soupçonné de vol par le mouchard besogneux qu'il a près de lui et qui saisira l'occasion de faire du zèle.

L'administration voit en lui un voleur qu'il faut faire surveiller de très près par des gens tarés. On a pris des renseignements sur le croupier avant de l'admettre, on n'a pas fait tant de formalités pour le mouchard qui fait le rapport.

Ne vous ai-je pas présenté F***, et la logique ne vous dit-elle pas que le simple croupier de Monte-Carlo ne peut, sans être sali, dégradé, offensé, être mis en parallèle avec ce marlou ?

On pourra me taxer de partialité, on pourra dire que je veux satisfaire une vengeance personnelle. Non, je n'ai rien à faire avec ces sous-valets, et je ne connais pas ces gens-là.

Je ne peux appeler F*** un homme, il est hors société pour moi, et cela m'ennuie beaucoup et m'oblige à faire, chaque fois qu'il faut que je l'appelle par son nom, des fouilles dans le coin aux ordures, pour lui trouver un qualificatif à sa taille.

Après tout, le trio G... A... et F..., au bout de ma canne, ne fera jamais qu'un paquet d'immondices au bout du crochet d'un chiffonnier. Allons, hop! à la hotte!

. . . .

Je ne suis plus sur le territoire monégasque et je m'adresse à mes compatriotes.

Je me réclame du titre de citoyen français en invoquant la protection des lois françaises!

J'ai pour moi la liberté de pensée; je crois faire œuvre de salubrité publique et de bon citoyen en étalant à la face du monde les turpitudes qui se commettent à Monaco, et en signalant aux intéressés les dangers qui les attendent dans cette maison de tolérance. J'ai la preuve de ce que j'avance, et je défie gouvernement, administration ou homme de me contredire devant un tribunal français!

. . . .

Après cet aparté, dont je demande pardon à mes lecteurs, je reprends la suite de mon étude.

Je disais qu'il était facile au lecteur de juger de la sincérité de l'œuvre par la logique des faits.

Les employés des jeux signalent tous les jours des rôdeurs autour des tables, qui mettent la perturbation dans le jeu comme parmi les joueurs. Ils demandent qu'on mette à la porte les filous, leurs cris sont vains auprès d'une administration conseillée par G''' et ses aides.

De quoi vivent cent individus, hommes et femmes, habitant toute l'année la principauté et Nice, et n'ayant, avoué, aucun moyen d'existence ? De quoi vivait F''' ?

Ils exploitent le joueur de toutes façons, et quand le commerce ne va pas, ils volent sur le tapis les masses des autres, mais ils font de temps en temps quelque rapport sur les croupiers et les joueurs, et cela suffit pour que l'administration les tolère. N'est-ce pas infâme !

Ce qui est malheureux, c'est de voir certains croupiers tendre la main à ces bourreaux, dans l'intention de mieux les disposer à leur égard.

Je plains ces employés craintifs ; je plains aussi leur sort qui est entre les mains d'un premier venu.

Le joueur, lui, peut acheter la protection de ces hommes ; le croupier pas.

Il y a des individus aux allures louches, des piliers de tripots clandestins, se disant les amis de A''' qui sont venus me questionner — et il y a des témoins de ce fait parmi les croupiers actuels — sur des trucs, des filouteries qu'ils avaient l'intention de pratiquer à table, avec ma complicité, m'assurant une immunité que leur garantissait A***. Ces gens-là sont à Nice. Je peux les assigner devant un jury quelconque, ils ne pourront me contredire. Ce n'est pas leurs rentes qui les font vivre, ces gens-là; ils n'en ont point. Ils vivent de rapine et de vol.

En terminant, je veux donner un conseil à mes anciens collègues.

Vous, les mulets de l'entreprise; vous, les instruments inconscients de l'œuvre; vous, que les besoins de l'existence obligent à manger un pain si amer; vous les insultés; vous les parias; vous seuls êtes les maîtres dans cette maison !

Que la discorde, qu'a intérêt à entretenir l'administration parmi vous, cesse enfin !

Organisez-vous, levez le rateau, faites la grève !

Que le monde entier voie demain cette usine inactive, faute de bras !

Sou à sou, fondez une caisse de résistance. Voilà l'épuration attendue, et l'Europe battra des mains !

Si vous avez des difficultés pour vos réunions, venez en France, je serai des vôtres, pour monter le premier en ligne, à l'assaut de cet immonde capital !

RÉQUISITOIRE

Un grand journal de province, *Le Petit Marseillais*, sous la signature de Paul Ginisty, publie, à la date du 29 septembre, un long article sur M. Auguste Lupin, l'initiateur en France des courses. Parlant des courses elles-mêmes, il dit :

« En fin de compte, les courses ne font plus « que développer la passion éperdue du pari, la « soif du gain par le hasard, les convoitises mal- « saines. Pour quelques beaux pur-sang qu'elles « montrent d'aventure, que de gens elles ont « détraqués, que de ruines elles ont causées et « que de mal elles ont fait! C'est payer diable- « ment cher la production d'un étalon, il faut « l'avouer. Et quand on songe que naguère on « supprima la loterie comme immorale! »

Ainsi ce journal parle contre les courses, qui, en somme, ont un but avouable, louable même, du moins en apparence : le développement de la race chevaline, la production chevaline.

Il s'élève contre les exploiteurs des courses qu'il appelle des truqueurs, des voleurs, etc. Que dirait-il des exploiteurs, pas de courses, mais du jeu lui-même, de ce jeu de hasard qu'il condamne, qui n'a aucune excuse, n'ayant en fait de but que l'exploitation du vice et la ruine des joueurs. Le mot voleur serait doux pour ces gens-là ! Avec des sentiments aussi nettement exposés contre les jeux de hasard, pourquoi ce journal très influent, dans tout le midi de la France, joint à d'autres grandes feuilles de Paris, qui ne pourraient manquer de le suivre dans cette voie, ne commencerait-il pas une campagne sérieuse contre tous les abus, toutes les turpitudes dont le Casino est rempli ?

Je tiens de source certaine et quasi-officielle qu'une correspondance secrète existe entre les chancelleries d'Allemagne et de France, ayant pour objet l'étude des questions et motifs qui se rattachent à la fermeture de Monte-Carlo. La question est mûre et ne demande qu'un peu de temps. Quel est le journal sérieux, dans toute notre belle presse, à qui écherra le grand honneur d'avoir le premier battu en brèche le colosse de Monte-Carlo ?

J'apporte ma petite pierre à l'œuvre d'assainissement, convaincu qu'il y a dans les pages qui précèdent des faits que nul n'a exposés, expliqués. Avec de l'or, l'œuvre de cette maison — c'est triste à dire, — a le don de passer inaperçue dans notre société ! La presse qui se tait n'est pas seulement composée de vendus, heureusement — les 20 millions de recette du Casino ne suffiraient pas, s'il fallait, à l'administration, acheter tous les journaux français et étrangers.

La plupart se taisent, parce qu'ils ne savent pas. J'apporte des faits précis avec le témoignage de personnes tout à fait honorables. D'autres viendront après moi qui commenteront ces faits brièvement exposés, pour en tirer des déductions qui pourraient faire bonne figure dans l'exposé des motifs qui plaident en faveur de la fermeture de ce tripot.

Je demande une enquête sérieuse, il me semble que la question en vaut la peine !

Un tas d'hommes se sont rencontrés, tous animés du même désir d'arriver à la fortune par n'importe quels moyens, tous pleins d'une même convoitise, qui ont fait taire chez eux tout sentiment honnête pour se ruer les uns contre les autres, haineux et jaloux, combattre à l'aide de machinations infâmes, étant tour à tour les bourreaux et les victimes, et donner en spectacle au monde civilisé l'état le plus effronté de leurs passions les plus viles.

Ces hommes agissent chez nous, en France, tout aussi bien qu'à l'étranger. Retranchés dans un pays neutre, à l'abri et sous la sauvegarde du drapeau du prince Albert Ier, ils pillent, avilissent, assassinent des gens de tous pays.

Nous avons vu par quelle filière forcée ces gens-là sont obligés de passer pour ne point attirer sur eux l'attention de tous les peuples.

La logique démontre, à défaut de preuves concluantes, que leurs intérêts en cause leur ordonnent souvent des besognes répugnantes.

Cela constitue des missions délicates confiées à des sous-ordres, gens de tout acabit et capables de tout. Un pacte tacite lie forcément entre eux l'assassin et le complice, et dans ces sortes de pactes, l'assassin tient habituellement le complice. Par conséquent, des hommes de bas étage, des bandits, sont à présent à la tête de l'administration de Monte-Carlo.

Il y a toujours une double besogne exécutée par ces escarpes : il y a le service de l'administration et le service personnel. On connaît le premier, il vaut la corde ; mais personne ne connaîtra jamais le second. Que devons-nous penser ?

Les faits sont là, écœurants ! faut-il qu'on en raconte d'autres ? Le fait, par exemple, de ce Suédois qui fut incarcéré sans motifs aucuns, pendant trois jours, dans une basse fosse de Monaco où il subit toutes sortes de tortures morales et physiques, à tel point qu'il en est mort dans un hôtel à Copenhague, sans que les autorités suédoises aient pu avoir la moindre satisfaction sur l'incident. Les nom et dates sont en toutes lettres au consulat de Suède et Norvège à Marseille, qui a dû faire les formalités nécessaires sur la plainte de la victime.

Mais est-ce bien dans les crimes dont le

nombre s'accroît de jour en jour, ou dans la possibilité, la faculté de commettre impunément le crime que nous devons chercher la culpabilité de ces misérables.

Qui sait où commence et où finit le crime dans cette maison ?

Qui peut les empêcher de tuer et de voler leurs victimes ? Sera-ce le commissaire du gouvernement de Coataudon ? Sera-ce le prince de Monaco ? Qui paie la police, les officiers publics, le prince lui-même ? Eux, toujours eux ! S'il n'y a qu'eux-mêmes pour s'empêcher de commettre le mal, je ne suis pas du tout rassuré, et, en présence des mots qu'A*** a prononcés devant l'administration sans que celle-ci sévisse : « Je le tue de ma main ! », (page 26) en présence de cet assassin qui, quoi qu'on en dise, commande dans cette maison, je ne sais pas s'ils ne se sont pas déjà rendus coupables de pareils forfaits !

Une enquête, je demande la pleine lumière dans ce bas-fond sanglant ; elle s'impose au nom de la sûreté générale, au nom de l'humanité !

C'est à tous les gouvernements que je m'adresse, à toutes les nations qui, sous prétexte d'en faire le dépotoir des pourritures humaines, ont toléré et tolèrent les jeux à Monaco.

Ah ! c'est une question de propreté qui vous fait reléguer le jeu à Monaco ? Mais le Casino n'est nullement fait pour les Monégasques, ils n'ont et n'auront jamais accès dans les salles de jeu ! On l'appelle le Cercle des étrangers, il n'y a que les étrangers qui entrent, jouent et se ruinent.

Il n'y a que nous tous intéressés là-dedans ; il appartient à nos gouvernements respectifs de parler et d'agir dans l'intérêt des populations.

. . . .

Mais allons plus loin ; admettons pour un moment qu'un besoin réel oblige les gouvernement à tolérer ces choses. Admettons que, dans un congrès monstre, les philosophes du monde se prononcent pour le maintien des jeux, ce qui est possible, pourquoi ne réglementerions-nous pas cette chose ?

Besoin est aussi de tolérer les maisons publiques de prostitution, mais nous y avons introduit la visite médicale hebdomadaire !

Besoin est aussi d'établir des vespasiennes au coin des rues, mais nous y envoyons de temps en temps le balai des vidangeurs à nos gages !

Il y a aussi des masses d'institutions reconnues d'intérêt public et autrement utiles que le jeu que nos gouvernements administrent ou font administrer sous leur surveillance.

Qu'attendons-nous pour en faire autant à Monte-Carlo ? Comme je disais plus haut, nous sommes seuls intéressés, la maison de jeu de Monte-Carlo n'est pas faite pour les monégasques mais bien pour tous les étrangers, rien que pour les étrangers, et nous en sommes.

Nos mères, nos femmes, nos filles vont en villégiature et passent des journées entières dans ce tripot, dans une promiscuité malsaine. Tout est sali en sortant de là.

Il ne faut pas non plus que, sous prétexte de besoin, nous laissions la tare ronger tout ce que nous avons de plus cher et de plus sacré !

Passion soit, mais au nom de cette passion, au nom des mœurs si vous aimez mieux, je demande des mesures d'ordre qui n'existent pas. Et puisqu'il faut que la roulette continue de semer dans le monde la catastrophe et la ruine, puisqu'il faut qu'elle continue son œuvre de destruction et de désespoir, veillez sur cette maison du vice ! Un conseil d'hygiène est indispensable !

Il faut, de temps en temps, le coup de balai du vidangeur dans ce dépotoir ; il faut établir des digues, car la boue monte, monte.....

Mettez un frein à ces transports aussi brutaux, sans cela tout sera contaminé, souillé, prostitué, corrompu.

C'est une société de malfaiteurs qu'il faut juger et condamner !

Agissez, car le désespoir est immense ; les cris des victimes demandent vengeance !

Craignez qu'un beau jour, en présence de votre inertie, par une de ces rages accumulées, les fils des suicidés ne se ruent en masse contre cette bastille fin de siècle et ne fassent, dans leur égarement légitime et explicable, cent fois plus de victimes !

Septembre 1895.

FIN DES COULISSES DE MONTE-CARLO

Demander à l'auteur, M. Hector Henriett, 78, rue de la République, à Marseille, la deuxième partie de cette étude, Les Dessous de la Roulette, *analyse très approfondie des jeux — trucs dévoilés — systèmes et combinaisons — avec un tableau permettant à tout joueur de connaître la valeur exacte d'un système quelconque.* — Prix franco par la poste : 5o francs.

TABLE DES MATIÈRES